memo
Wissen entdecken

Das alte Griechenland

Bronzener Spiegeldeckel (350 v. Chr.): Aphrodite und Pan beim Knöchelspiel

Bauchiger Krug mit Münzen

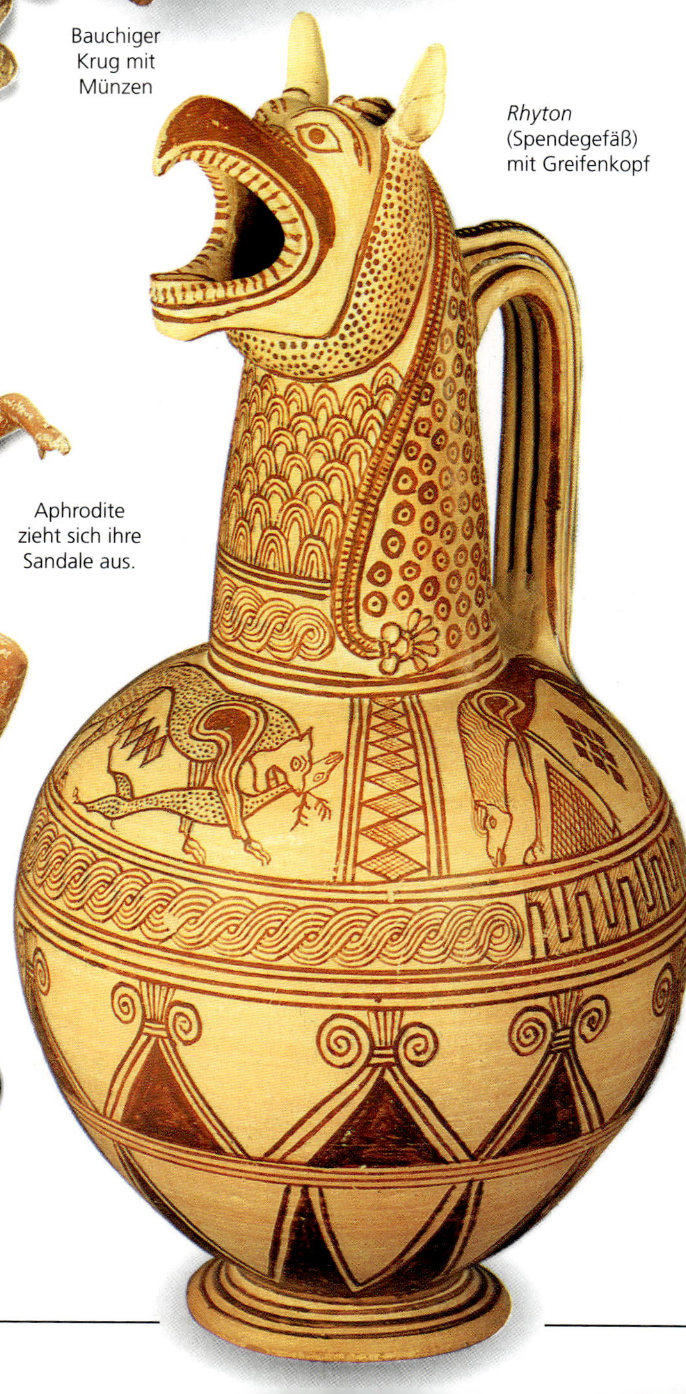

Rhyton (Spendegefäß) mit Greifenkopf

Bronzefigur: Teilnehmer eines Festmahls

Aphrodite zieht sich ihre Sandale aus.

Theseus und Minotaurus

Kylix (Trinkschale)

memo
Wissen entdecken

Bronzene Streitwagenverzierung

Das alte Griechenland

Text von
Anne Pearson

DORLING KINDERSLEY

Wein-
filter

Ölbehälter

Bronzezimbeln

DORLING KINDERSLEY
London, New York, Melbourne, München und Delhi

Projektleitung Sunita Gahir
Projektbetreuung Gillian Denton
Programmleitung Andrea Pinnington
Cheflektorat Andrew Macintyre, Camilla Hallinan
Lektorat Helen Parker
Redaktion Lorrie Mack, Sue Nicholson
Herstellung Louise Barratt, Jenny Jacoby, Angela Graef
Bildredaktion Liz Sephton, Julia Harris, Jane Thomas, Martin Wilson, Catherine Goldsmith
Bildrecherche Diana Morris, Jo Haddon
Fotos Nick Nicolls, Liz MacCaulay
DTP-Design Siu Chan, Andy Hilliard, Ronaldo Julien
Umschlaggestaltung Smiljka Surla

Für die deutsche Ausgabe:
Programmleitung Monika Schlitzer
Projektbetreuung Martina Glöde, Janna Heimberg
Herstellungsleitung Dorothee Whittaker
Herstellung Anna Ponton

Bibliografische Information Der Deutschen Bibliothek
Die Deutsche Bibliothek verzeichnet diese Publikation in der Deutschen Nationalbibliografie; detaillierte bibliografische Daten sind im Internet über http://dnb.ddb.de abrufbar.

Titel der englischen Originalausgabe:
Eyewitness Ancient Greece

Übersetzung Christina Hartkamp, Dr. Claudia Wagner (S. 64–71, Poster)
Lektorat Margot Wilhelmi
Satz Roman Bold & Black

ISBN 978-3-8310-1871-0

Colour reproduction by Colourscan, Singapore
Printed and bound in China by Toppan

Besuchen Sie uns im Internet
www.dorlingkindersley.de

Tänzerin aus Terrakotta

Terrakotta-Figur eines Jünglings mit Hut

Ohrringe in Form von Greifenköpfen

Rassel in Form eines Schweins

Inhalt

Kinderspielzeug

Die Welt der Griechen

Griechenland umfasst den Süden der Balkanhalbinsel und eine Vielzahl von Inseln im Ägäischen und Ionischen Meer. Es ist ein gebirgiges Land mit heißen, trockenen Sommern und milden Wintern, in denen fast der gesamte Jahresniederschlag fällt. Fruchtbares Ackerland ist rar und war schon bei den ersten Siedlungsgemeinschaften Anlass für kriegerische Auseinandersetzungen. Die kleinen Siedlungen waren oft durch Gebirgszüge voneinander abgeschottet. Aus ihnen entwickelten sich eigenständige Stadtstaaten. Im Krieg verbündeten sich oft mehrere dieser Stadtstaaten. Durch solch ein Bündnis konnten sich die Griechen schließlich sogar gegen das mächtige Perserreich behaupten. Griechenland brachte eine Kultur hervor, die die westliche Zivilisation durch die Jahrhunderte bis zum heutigen Tag stark beeinflusst hat. Die Griechen setzten Maßstäbe in Literatur, bildender Kunst, Theaterwissenschaft, Philosophie, Politik, Sport und vielen anderen Bereichen. Ihren Höhepunkt erreichte die griechische Kultur im Athen des 5. vorchristlichen Jahrhunderts.

DAS BRITISCHE MUSEUM
Die Architektur des Britischen Museums in London ist stark von der griechischen Klassik beeinflusst. Der erste Teil des Gebäudes wurde 1827 erbaut, endgültig fertiggestellt war das Museum 30 Jahre später. Viele der in diesem Buch abgebildeten Gegenstände sind dort ausgestellt.

KOUROS
Kouroi, Marmorstatuen nackter junger Männer, entstanden v. a. im 6. Jh. v. Chr. Meistens ist der linke Fuß etwas vorgestellt und die Arme hängen locker herab. *Kouroi* schmückten Heiligtümer der Götter, hauptsächlich des Apollon. Sie wurden aber auch zum Gedenken an gefallene junge Soldaten aufgestellt.

DAS ALTE GRIECHENLAND
Diese Karte zeigt das alte Griechenland und die angrenzenden Gebiete. Zum griechischen Siedlungsgebiet gehörte auch eine Reihe von Orten entlang der kleinasiatischen Küste. Diese und viele Inseln in der Ägäis wurden von indogermanischen Einwanderern – Ioniern und Doriern – gegründet. Die Namen in Großbuchstaben kennzeichnen Regionen, die übrigen Städte.

TRINKESEL
Die Griechen stellten wunderschön bemalte Keramiken her. Dieser Becher mit zwei Henkeln und Eselskopf diente als Aufbewahrungs-, Servier- und Trinkgefäß für Wein.

AKROPOLIS
Athen (S. 16–17) war die bedeutendste Stadt im alten Griechenland und Zentrum der Kunst und Kultur. Den Mittelpunkt der Akropolis (Burgberg) bildete der Parthenon, ein der jungfräulichen Stadtgöttin Athene geweihter Tempel.

SEEPFERDCHEN
Dieser Goldring ist mit einem seepferdchenartigen Fabelwesen verziert, das zwei Arme und einen Delfinschwanz hat.

GRIECHENLAND UND DIE WELTGESCHICHTE
Diese Tabelle zeigt Aufstieg und Fall Griechenlands von der minoischen Herrschaft bis zum Ende der hellenistischen Zeit. Zur zeitgeschichtlichen Einordnung werden Ereignisse aus europäischen, asiatischen und südamerikanischen Kulturen angeführt.

ZEIT v. Chr.	2000–1500	1500–1100	1100–800	800–479	479–323	323–30
GRIECH. GESCHICHTE	Kreta: „Epoche der Paläste"	Fall von Knossos; Aufstieg und Fall der mykenischen Kultur	Gründung Spartas; Entstehung der Werke Homers	Gründung von Kolonien am Ionischen und Schwarzen Meer; Die ersten Olympischen Spiele	Perserkriege Einführung der Demokratie in Athen; Vorherrschaft Spartas Zeit des Perikles	Aufstieg Makedoniens; Untergang Spartas; Alexander der Große; Diadochenkämpfe
KULTURELLE EPOCHE	BRONZEZEIT	BRONZEZEIT	EISENZEIT	ARCHAISCH	KLASSISCH	HELLENISCH
WELTGESCHICHTE	Indien: hochentwickelte Kultur im Industal	Hethiterreich in Asien; Babylonisches Reich; Maya-Kultur in Mittelamerika; Shang-Dynastie in China	Kelten erobern Brit. Inseln; Phönizische Kolonien in Spanien; Olmekenkultur in Mexiko	Aufstieg der Etrusker in Italien; Kuschiten fallen in Ägypten ein; Gründung Roms Assyrerreich	China: Geburt des Konfuzius; Assyrer erobern Unterägypten; Persisches Reich	Mexiko: Toltekenreich von Tollan; Chin-Dynastie in China; Bau der Chinesischen Mauer

MARATHONLÄUFER
Sport und Spiele waren im alten Griechenland eine beliebte Freizeitbeschäftigung (S. 44–45) und Bestandteil religiöser Feste. Diese drei Läufer zieren einen Pokal, den der Gewinner der Großen Panathenäen erhielt, die in Athen alle vier Jahre zu Ehren Athenes (S. 16–27) stattfanden.

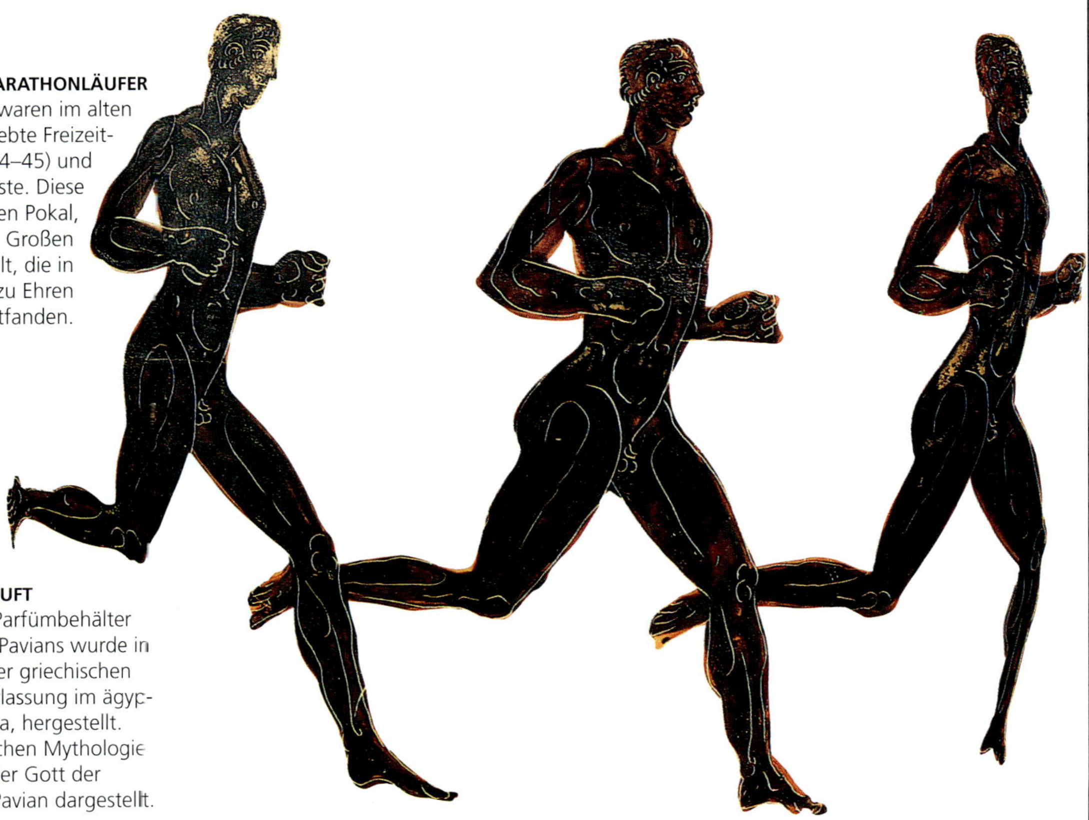

GÖTTLICHER DUFT
Dieser kleine Parfümbehälter in Form eines Pavians wurde in Naukratis, einer griechischen Handelsniederlassung im ägyptischen Nildelta, hergestellt. In der ägyptischen Mythologie wurde Thot, der Gott der Weisheit, als Pavian dargestellt.

Minoische Kultur

DEKORATIVE DELFINE
Die Wände minoischer Paläste waren mit Fresken bemalt. Diese entstehen, indem man Farben auf den noch nassen Gipsputz aufträgt. Viele der Fresken, die wir heute bewundern, sind Nachbildungen, die aus Teilstücken rekonstruiert wurden. Dieses bekannte Delfinfresko zierte das Zimmer der Königin in Knossos.

Die erste Hochkultur der Ägäis entwickelte sich auf Kreta. Die Insel, die schon seit etwa 6000 v. Chr. besiedelt ist, erreichte ihre Blütezeit zwischen 2200 und 1450 v. Chr. und verdankte ihren Reichtum dem florierenden Handel mit anderen bronzezeitlichen Städten in Griechenland, im Mittelmeerraum, in Ägypten und Syrien. Der fruchtbare Boden brachte Oliven, Getreide und Wein im Überfluss hervor.

Wirtschaftliche Zentren waren die vielen prunkvollen Paläste, deren Überreste man überall auf der Insel entdeckt hat. Diese friedliche kretische Kultur wird nach dem legendären kretischen König Minos als minoisch bezeichnet. Um 1700 v. Chr. wurden Knossos und die anderen Paläste durch Feuer zerstört, danach aber noch prunkvoller wieder aufgebaut.

Die kretisch-minoische Kultur erlebte nochmals einen Aufschwung – eine zweite Blüte, die bis etwa 1500 v. Chr. dauerte.

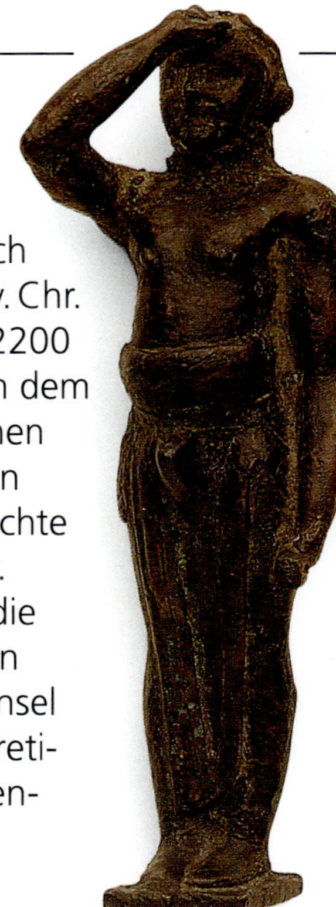

BETER
Diese Bronzefigur zeigt einen Gläubigen in ehrfurchtsvoller Haltung gegenüber einer Gottheit.

KRETA
Diese Inselkarte zeigt die wichtigsten Städte und Paläste: Knossos, Zakros, Phaistos und Mallia. In Hagia Triada fand man eine prächtige Villa. Die meisten Siedlungen entstanden in Meeresnähe. Die Überreste der Prachtbauten demonstrieren das Können der minoischen Architekten, Ingenieure und Künstler. Doch nicht jeder bewohnte einen Palast, viele lebten in kleineren Stadt- oder Bauernhäusern. Der Göttervater Zeus wuchs der Sage nach in der Diktäischen Höhle auf.

DEN STIER BEI DEN HÖRNERN PACKEN
Bei den Minoern galt der Stier als heiliges Tier. Eine Sage erzählt, dass Zeus sich in die hübsche Prinzessin Europa verliebte. Er verwandelte sich in einen weißen Stier und trug Europa auf seinem Rücken nach Kreta. Die beiden hatten drei Söhne. Einer von ihnen war Minos, der spätere König von Kreta. Von wagemutigen kultischen Stierspielen zeugt diese Bronzefigur. Sie stellt einen Jüngling dar, der einen Salto über die Hörner eines Stiers macht.

WANDGEMÄLDE
Diese Wandmalerei aus Knossos zeigt einen jungen Mann, der den Stier bei den Hörnern packt und über ihn hinwegspringt.

KNOSSOS-ENTDECKER
Der englische Archäologe Sir Arthur Evans (1851–1941) entdeckte 1894 in Knossos den größten und heute berühmtesten minoischen Palast. Mehrjährige Ausgrabungen förderten Überreste eines riesigen Gebäudes mit Hunderten von Räumen zutage. Die Welt war begeistert.

THESEUS UND DER MINOTAURUS
Nach einer griechischen Sage tötete Theseus, ein junger Prinz aus Athen, in Kreta den Minotaurus. Diesem Ungeheuer, halb Mann, halb Stier, wurden jedes Jahr athenische Kinder geopfert. Es lebte in einem Labyrinth. Dieser Mythos geht wahrscheinlich auf den komplizierten Bau des Palasts von Knossos mit seinen langen, gewundenen Korridoren zurück.

MODERNER MINOTAURUS
Der Kampf zwischen Theseus und dem Minotaurus inspirierte nicht nur griechische Vasenmaler, sondern auch zeitgenössische Künstler. Diese Interpretation des spanischen Malers Pablo Picasso (1881–1973) ist fast so unergründlich wie das Labyrinth!

WIEDERAUFBAU UND RESTAURATION
Der Palast von Knossos wurde mehrfach wieder aufgebaut. Er bestand aus Stein, hatte Holzdächer und -decken und bis zu vier Stockwerke. In ihm befanden sich die königlichen Gemächer einschließlich eines Thronsaals, in dem der Herrscher von Knossos regierte. Sir Arthur Evans restaurierte einige Teile des Palasts, sodass man sich gut vorstellen kann, wie dieser früher aussah. Die Holzsäulen sind im ursprünglichen Rot gehalten.

Mykenä

In der Bronzezeit gab es mehrere politische und wirtschaftliche Zentren in Griechenland. Eines davon war Mykenä, die Stadt des Agamemnon, eine nahezu uneinnehmbare Festung. Der König oder Stammesfürst lebte in einem Palast mit vielen Räumen, der gleichzeitig als militärisches Hauptquartier und als Verwaltungszentrum für die gesamte Umgebung diente. Die Mykener waren Krieger, in ihren Gräbern fand man Waffen und Rüstungen. Außerdem betrieben sie einen intensiven Handel. Um 1600 v. Chr. erreichte die mykenische Kultur ihren Höhepunkt und stellte sogar die minoische Kultur auf Kreta in den Schatten. Doch um 1250 v. Chr. begannen die Mykener mit dem Bau von Verteidigungswällen um alle größeren Städte, denn ihre Sicherheit und ihr Wohlstand wurden zunehmend von Eroberern bedroht. Um 1200 v. Chr. wurden die Städte verlassen oder zerstört. Innerhalb von 100 Jahren waren die mykenischen Festungen eingenommen. Eine Periode, die oft das „Dunkle Zeitalter" genannt wird, begann.

GRANULIERTER GRANATAPFEL
Diesen kleinen Goldanhänger in Form eines Granatapfels fand man auf Zypern. Das mykenische Werk aus der Zeit um 1300 v. Chr. ist in Granulationstechnik gefertigt: Dreiecke aus winzigen Goldkügelchen zieren die Oberfläche. Auf Zypern ließen sich viele mykenische Künstler und Händler nieder. Später, als die mykenische Kultur unterging, wurde die Insel Heimat vieler griechischer Flüchtlinge.

Rhyton
Spendegefäße wie dieses in Form eines Stierkopfs wurden bei religiösen Zeremonien verwendet. Solch ein *Rhyton* hatte zwei Öffnungen, oben eine weite Einfüllöffnung und in der Tierschnauze einen Ausguss.

TINTENFISCH-*STAMNOS*
Diesen Keramikkrug mit Oktopus-Motiv fand man in einer Grabstätte einer mykenischen Siedlung auf der Insel Rhodos. Mykenische Künstler wurden stark durch die minoische Kultur beeinflusst und Gegenstände mit maritimen Motiven blieben weiterhin beliebt.

KÖNIGSGRÄBER
1876 stieß Schliemann (S. 12–13) bei seinen Ausgrabungen in Mykenä auf einen königlichen Friedhof – Schachtgräber, die von einem niedrigen Rundwall umgeben waren. In den Grabkammern fand man ungeheure Goldschätze aus der Zeit um 1600 v. Chr. Die Entdeckung bestätigte den Text der *Ilias* (S. 12), in der Homer Mykenä als „reich an Gold" beschrieb.

RÜCKBLICK
So fanden die Ausgräber des 19. Jh. das Löwentor vor. Wahrscheinlich hatte ein Erdbeben die Löwen zu Fall gebracht.

LÖWENTOR
Mykenä, die mächtigste der mykenischen Städte, nach der auch die Kultur benannt wurde, liegt auf einer kleinen Anhöhe im Nordosten des Peloponnes. Die Stadtmauern, erbaut um 1250 v. Chr., bestanden aus riesigen Felsblöcken. Den Haupteingang der Burg bildete ein gewaltiges Tor, das breit genug war, um Wagen passieren zu lassen. Zierde des Tors waren zwei Löwen links und rechts einer Säule, vielleicht das Symbol des mykenischen Königshauses.

NOCH EIN TINTENFISCH
Die Werkstätten der Künstler Mykenäs, z. B. der Töpfer, befanden sich in Palastnähe. Die Form dieser anmutigen Trinkschale mit langem Stiel ist eine Erfindung der Mykener. Bemalt ist sie mit einem stilisierten Tintenfisch.

MASKE DES „AGAMEMNON"
Fünf der in den Königsgräbern von Mykenä bestatteten Personen trugen solche goldenen Totenmasken. Die hier abgebildete Maske hielt Schliemann für die Totenmaske des Agamemnon, des legendären Königs von Mykenä zur Zeit des Trojanischen Krieges. Schliemann irrte: Die Maske ist einer früheren Zeit zuzurechnen und zeigt das Gesicht eines Achäerkönigs.

KULTFIGUREN
Auf mykenischem Gebiet fand man Tausende kleiner Frauenfiguren aus Terrakotta. Wahrscheinlich handelt es sich dabei um Opfergaben zu Ehren der mykenischen Mondgöttin Hera. Leib und Arme der Figuren sind halbmondförmig gestaltet.

Troja

HEINRICH SCHLIEMANN
Um 1870 entdeckte der deutsche Archäologe Heinrich Schliemann (1822–1890) nach Jahren erfolgloser Suche an der kleinasiatischen Küste das alte Troja. Seine Ausgrabungen förderten insgesamt neun Städte übereinander zutage. Später fand man weitere 37 Schichten. Welche von ihnen die in der *Ilias* beschriebene Stadt war, ist nicht sicher. Schliemanns Frau trägt Schmuckstücke aus dem „Schatz des Priamos".

Im 12. Jahrhundert v. Chr. verloren die einst so reichen mykenischen Städte und Paläste an Bedeutung oder wurden zerstört, der Handel mit dem Osten stagnierte. In den nachfolgenden Jahrhunderten wurde die untergegangene mykenische Kultur in Sagen und Mythen verklärt, die von einer Generation zur anderen in Gedichtform überliefert wurden. Zwei dieser Heldengedichte, die *Ilias* und die *Odyssee*, sind auch heute noch bekannt. Im 8. Jahrhundert v. Chr. wurden sie von Homer aufgeschrieben, dessen Epen weit über Griechenlands Grenzen hinaus bekannt wurden. In der *Ilias* beschreibt Homer, wie eine Stadt namens Troja an der Westküste der heutigen Türkei von der griechischen Armee unter Führung des mykenischen Königs Agamemnon erstürmt wird. In der *Odyssee* werden die Erlebnisse des griechischen Helden Odysseus auf seiner Heimreise vom Trojanischen Krieg erzählt. In zehn Jahren besteht er viele gefährliche Abenteuer. Die Geschichten Homers spiegeln wahre Begebenheiten aus Kriegen, Schlachten und Belagerungen früherer Zeiten wider. Es ist anzunehmen, dass es einen Krieg zwischen Griechen und Trojanern gab, doch wird es dabei um Gebietsansprüche und nicht um die „schöne Helena" (s. o.) gegangen sein.

DIE SCHÖNE HELENA
Der Sage nach wurde Helena, die schöne Gattin des Spartanerkönigs Menelaos, eines Bruders des Agamemnon, von Paris entführt. Dieser war der Sohn des trojanischen Königs Priamos. Die Griechen verbündeten sich zum Kampf gegen die Trojaner, um Helena zurückzuholen.

VERHÄNGNISVOLLE NEUGIER
Nachdem die Trojaner der griechischen Belagerung zehn lange Jahre standgehalten hatten, siegten die Griechen durch eine List. Sie bauten ein riesiges Holzpferd, ließen es vor der Stadt stehen und täuschten ihre Abreise vor. Die Trojaner, von Neugier getrieben, zogen das Pferd in die Stadt. In der Nacht kletterten griechische Soldaten aus dem Bauch des Pferds und öffneten der griechischen Armee die Stadttore (Darstellung auf einem Gefäß, 650–600 v. Chr.).

NACHBILDUNG
In Troja steht heute ein modernes Trojanisches Pferd. Kinder können über eine Leiter in das Innere des großen Holzpferdes klettern und griechische Eroberer spielen.

DAS TROJANISCHE PFERD
Die Geschichte von Troja und dem Holzpferd hat Künstler aller Epochen inspiriert. Der Italiener Giovanni Tiepolo (1696–1770) hat sogar mehrere Bilder zu diesem Thema gemalt.

TREUE PENELOPE
Nach zehnjähriger Irrfahrt kehrte Odysseus in seine Heimat Ithaka zu seiner Frau Penelope zurück. Obwohl jeder ihn für tot erklärte, wartete sie während seiner langen Abwesenheit geduldig auf ihn. Wenn andere Männer um ihre Hand anhielten, bat sie um Bedenkzeit, bis sie ein bestimmtes Kleidungsstück zu Ende gewebt hätte. Nachts trennte sie dann heimlich das tagsüber Gewebte wieder auf und vertröstete so ihre Freier auf unbegrenzte Zeit. Auf diesem Gemälde des britischen Malers John Stanhope (1829–1908) sitzt Penelope traurig neben ihrem Webstuhl.

DIE BLENDUNG DES POLYPHEM
Auf der Rückreise vom Trojanischen Krieg geriet Odysseus in die Gewalt des Zyklopen Polyphem, eines menschenfressenden Ungeheuers mit nur einem Auge mitten auf der Stirn. Der Riese hielt Odysseus und seine Männer in seiner Höhle gefangen und begann einen nach dem anderen aufzufressen. Der listige Odysseus machte den Zyklopen betrunken und rammte ihm dann einen glühenden spitzen Pfahl in sein einziges Auge.

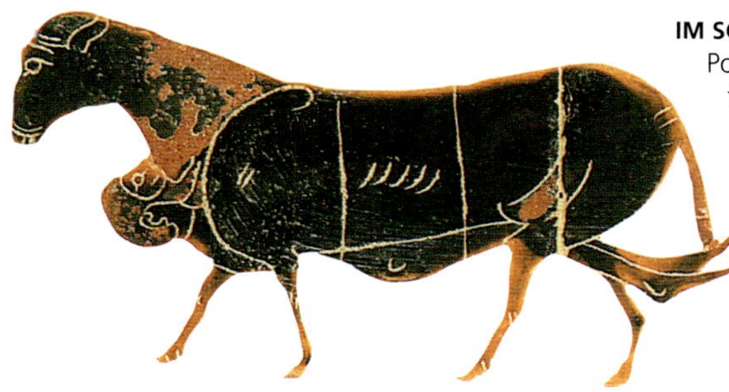

IM SCHAFSPELZ
Polyphems Höhle war gleichzeitig der Stall für seine Schafe. Die Flucht unter dem Bauch der Schafe, die zum Grasen die Höhle des menschenfressenden Riesen verlassen durften, rettete Odysseus und seine Gefährten vor dem Zyklopen. Diese Geschichte ist hier auf einer schwarzfigurigen (S. 48–49) Vase dargestellt.

Die blaue Farbe deutet das Meer an.

Helm

MÜTTERLICHE HILFE
Diese kleine Terrakotta-Figur stellt die Nymphe Thetis, die Mutter des Achilles, oder eine ihrer Schwestern dar. Die Nymphe reitet auf einem Seepferd und bringt Achilles einen neuen Kampfhelm. Spuren vom leuchtenden Blau des Meeres sind noch erhalten.

TOD EINES HELDEN
Nachdem der griechische Kämpfer Achilles Hektor, den tapfersten trojanischen Krieger, getötet hatte, band er ihn an seinen Wagen und fuhr damit dreimal um Troja herum. Auf dieser Tonlampe sieht man, wie sich Achilles auf seinem Wagen triumphierend umschaut. Über ihm, auf den Mauern Trojas, sieht man König Priamos und Königin Hekabe, die entsetzten Eltern des Toten.

Die griechische Kolonisation

Als die Bevölkerungsdichte in Griechenland zunahm und die Nahrungsmittel nicht mehr reichten, wanderten viele Griechen aus und gründeten Kolonien in Süditalien, Sizilien und anderen Teilen des westlichen Mittelmeerraums, am Schwarzen Meer und sogar im Nildelta. Auch Handelsniederlassungen entstanden, da die Griechen mehr und mehr die Rolle des von Assyrien unterworfenen Handwerker- und Seefahrervolks der Phönizier übernahmen. Korinth, Rhodos und Ephesus waren ideale Standorte für den Osthandel und kamen dadurch zu Wohlstand. Einige der griechischen Kolonien waren sehr reich. Als besonders blühende Stadt galt Sybaris in Süditalien. Es hieß, dort schlafe man auf Rosen gebettet und Hähne seien aus der Stadt verbannt worden, damit die Bewohner morgens nicht so früh geweckt würden. Ausländische Stilrichtungen fanden nun vermehrt Eingang in die griechische Kunst. Der geometrische Stil leitete über zum orientalisierenden Stil, bei dem sich ägyptisch-syrische Motive wie Greife und Sphingen durchsetzten.

GOLDENE GREIFEN
Diese fernöstlich anmutenden Greifenköpfe fand man auf Rhodos. Sie gehörten ursprünglich zu einem Paar Ohrringe aus dem 7. Jh. v. Chr.

ZÄRTLICHER ABSCHIED
Die Figuren auf dieser Abbildung sind – typisch für den geometrischen Stil – nur schemenhaft dargestellt: Ein Mann besteigt ein Boot und nimmt Abschied von einer Frau. Es könnte sich um Odysseus handeln, der sich von Penelope verabschiedet und in den Trojanischen Krieg zieht (S. 12–13), oder um Paris, der Helena entführt.

MÄNNERSCHMUCK
Die Griechen trugen gern mit Tierköpfen verzierte Armreifen. Der Größe nach zu urteilen, könnte dieser versilberte Reif mit Löwenköpfen einem Mann gehört haben.

MIT GEBRÜLL
Die Ausgießöffnung dieses Parfümbehälters, der wahrscheinlich aus Theben stammt, hat die Form eines Löwenkopfes. Trotz seiner geringen Größe weist das Gefäß drei Bildfriese auf. Oben sieht man kämpfende Soldaten, darunter ein Pferderennen und unten eine winzige Abbildung von Hasen jagenden Hunden. Die Öffnung (das Löwenmaul) verschloss man mit Wachs, damit sich das Parfüm nicht verflüchtigte.

HEILIGER FROSCH
Diese Skulptur stellt einen Mann dar, der vor einem Gefäß kniet, auf dem ein Frosch sitzt. Sie kennzeichnet den zur damaligen Zeit sehr beliebten ägyptischen Stil. In der ägyptischen Religion war der Frosch ein heiliges Tier. Der Gegenstand besteht aus Fayence, einer Keramik mit grünlich blauer Bleiglasur.

EXPORTARTIKEL
In Korinth stellte man kleine Parfümtöpfchen her, die in die gesamte griechische Welt exportiert wurden. Sie waren oft eigenartig geformt und hatten hübsche Verzierungen. Hier ist wahrscheinlich ein Windgott dargestellt.

LEGENDE

1 Emporion	17 Thera
2 Massalia	18 Paros
3 Kyme	19 Gortyn
4 Pittakos	20 Knossos
5 Paestum	21 Lindos
6 Satyros	22 Ialysos
7 Kroton	23 Kos
8 Syrakus	24 Halikarnassos
9 Gela	25 Milet
10 Karthago	26 Myos
11 Sparta	27 Ephesus
12 Argos	28 Priene
13 Mykenä	29 Troja
14 Korinth	30 Byzanz
15 Athen	31 Salamis
16 Melos	

GRIECHISCHE KOLONISATION
Wo es gute Häfen und gutes Ackerland gab, gründeten die Stadtstaaten neue Kolonien, die schnell unabhängig wurden. Die Kolonisation begann um 1000 v. Chr. und endete um 650 v. Chr.

STACHELIG
Diesen Parfümbehälter fand man in einer Kolonie bei Naukratis im Nildelta.

GUT GEPFLEGT
Diese vier Tonpferdchen bilden den Deckelgriff eines Gefäßes für Kosmetika. Vergleicht man sie mit den perfekt gestalteten Pferden der griechischen Kunst späterer Jahre, so wirken sie etwas grob, aber sie strahlen eine Lebendigkeit aus, die man auch bei Bronzearbeiten dieser Periode findet.

DIE AKROPOLIS
Anfangs war die Akropolis von Athen eine starke Festung. Später wurde sie zur geheiligten Stätte, an der sich die wichtigsten Tempel und Heiligtümer Athens befanden.

Stadt der Athene

Athen, das Zentrum der Künste und Wissenschaften, war der mächtigste unter den griechischen Stadtstaaten. Schutzherrin der Stadt war Athene. Sie war die Göttin der Weisheit und des Krieges und versinnbildlichte damit die beiden gegensätzlichen Pole der athenischen Kultur. Im Jahr 480 v. Chr. griffen die Perser Athen an und zerstörten die Tempel auf der Akropolis. Später, nachdem Athen eine führende Rolle in den Perserkriegen gespielt (S. 54–55) und Griechenland erfolgreich verteidigt hatte, betrieb Perikles den Wiederaufbau der Stadt (S. 18–19). Athen in der Landschaft Attika war dichter besiedelt als andere griechische Städte. Am Fuß der Akropolis fand man rund um die *Agora*, den Marktplatz, viele schöne öffentliche Plätze und Säulenhallen. Unweit der Stadt liegt Piräus, der Hafen Athens, der sehr zum militärischen und wirtschaftlichen Erfolg der Stadt beigetragen hat.

KULTFIGUR
Auf dem Fries ist dargestellt, wie einem Priester ein gewebtes Gewand, ein *Peplos*, übergeben wird. Dieser ist für eine hölzerne Statue der Göttin Athene bestimmt, die auf der Akropolis stand.

DAS ERECHTHEION
In einem kleineren, nach König Erechtheus benannten Tempel befand sich wahrscheinlich die Statue der Athene. In der bekannten Korenhalle tragen *Karyatiden* (weibliche Statuen in der Funktion tragender Säulen) das Dach.

DER PARTHENONFRIES
Der Marmorfries des Parthenon verlief über dem Architrav (Steinbalken über den Säulen) rund um das Hauptgebäude des Tempels.

Hauptthema des Frieses ist der Festzug, der alle vier Jahre aus Anlass der Panathenäen (Fest zu Ehren der Göttin Athene) von der *Agora* (Marktplatz) zur Akropolis führte. Die meisten Abbildungen zeigen junge Männer zu Pferde.

DER PARTHENON
Der Parthenon auf dem höchsten Punkt der Akropolis war der jungfräulichen Athene geweiht. Parthenon leitet sich von dem griechischen Wort *Parthenos* (Jungfrau) ab. Dieser Tempel, zwischen 447 und 432 v. Chr. von Iktinos im dorischen Stil erbaut, steht noch heute. Die vielen Skulpturen, die den Parthenon schmückten, schuf der Bildhauer Phidias.

GOLDENE GÖTTIN
Im Parthenon stand eine riesige Gold-Elfenbein-Statue der Göttin Athene, ein Werk des berühmten Bildhauers Phidias, eines Freundes des Perikles. Die Statue (hier eine Nachbildung) zeigt Athene als Kriegsgöttin. Sie trägt ihre *Ägis*, einen kurzen, schlangenbesetzten Ziegenfellmantel, und einen kronenartigen Helm. Auf der rechten Hand sitzt eine kleine, geflügelte Figur, die Siegesgöttin Nike.

Die Eule (hier auf einer Münze) war das heilige Tier der Athene.

MARMORSKULPTUREN
Lord Thomas Elgin (1766–1841), britischer Gesandter in Konstantinopel, erwarb Skulpturen des Parthenon und ließ sie nach London bringen. Heute kann man sie im Britischen Museum bewundern.

Der Elgin-Saal des Britischen Museums auf einem Gemälde von A. Archer

Einige junge Männer reiten in ruhigem Trab, andere galoppieren mit wehenden Mänteln. Der Fries-Hintergrund war ursprünglich farbig, wahrscheinlich strahlend blau. Das Zaumzeug der Pferde war aus Bronze.

Das Zaumzeug ist nicht erhalten, man sieht nur noch die Stellen, an denen es am Marmor befestigt war. Auf dem Südfries sind junge Kühe abgebildet. Andere Teile zeigen Frauen, die Opfergefäße tragen.

Die Wiege der Demokratie

SOLON
Der athenische Staatsmann Solon (640–558 v. Chr.) erließ viele neue Gesetze. So schaffte er z. B. die Schuldknechtschaft ab, d. h. Bauern durften nicht mehr als Sklaven verkauft werden, wenn sie ihre Schulden nicht abzahlen konnten. Für die allgemeine Rechtsprechung führte Solon Geschworenengerichte ein.

Das alte Griechenland bestand aus vielen unabhängigen Stadtstaaten, die von reichen Adligen, sogenannten Tyrannen, geführt wurden. Diese waren nicht immer grausame Unterdrücker, wie der heutige Gebrauch des Wortes nahelegt. Doch schlechte Herrscher prägten die negative Bedeutung des Namens und gaben schließlich in einigen Stadtstaaten Anlass zum Sturz der Tyrannis. So auch in Athen, wo eine Volksherrschaft entstand, die man Demokratie nannte. Die Volksversammlung, die sich auf der Pnyx, einem Hügel nahe der Akropolis, traf, war Mittelpunkt des politischen Lebens. Jeder Bürger hatte das Rede- und Wahlrecht auf den Versammlungen, die z. B. über Krieg oder Frieden entschieden und nur stattfanden, wenn mindestens 6000 Männer anwesend waren. Ein wichtigeres Regierungsinstrument war der Rat der 500, der aus je 50 Abgesandten aus den zehn Wahlkreisen Attikas bestand. Er bereitete die Tagesordnung für die Volksversammlungen vor und formulierte Gesetzesanträge. Zehn jährlich gewählte militärische Befehlshaber, sogenannte Strategen, hatten im Kriegsfall über die Verteidigung der Stadt zu entscheiden.

PERIKLES
Perikles war ein großer athenischer Staatsmann, Redner und Feldherr, der zwischen 443 und 429 alljährlich als Stratege wiedergewählt wurde. Unter Perikles erlebte Athen seine politische und kulturelle Blütezeit. Er sorgte für den Wiederaufbau der Akropolis nach der Zerstörung in den Perserkriegen (490 und 480 v. Chr.).

STIEFELPUTZER
Diese Bronzestatue zeigt einen stiefelputzenden afrikanischen Sklaven. Die griechische Gesellschaft war von der Arbeit der Sklaven abhängig, die sowohl die Hausarbeit bei den Wohlhabenden als auch die Schwerstarbeit, z. B. in den Silberminen, verrichteten. Die Sklaven waren Kriegsgefangene oder wurden von Sklavenhändlern nach Griechenland verkauft. Einige wenige erhielten etwas Lohn für ihre Arbeit und konnten sich damit wieder freikaufen. Andere, die als Hauslehrer die Söhne der Reichen unterrichteten, wurden mit Respekt behandelt, die meisten aber führten ein elendes Leben.

DAS ENGLISCHE PARLAMENT
Das demokratische System, das sich im 5. Jh. v. Chr. in Athen entwickelte, beeinflusst die Regierungsformen bis in die heutige Zeit. Demokratie bedeutet „Volksherrschaft", doch die altathenische Demokratie war noch recht eingeschränkt, da ein Großteil der Bevölkerung, Frauen, Sklaven und Zugereiste, vom Wahlrecht ausgeschlossen waren.

SCHATZKAMMERN

Im Jahr 490 besiegten die Griechen die Perser bei Marathon vernichtend. Als Zeichen des Triumphs errichteten die Athener in Delphi dieses schöne Schatzhaus aus Marmor, das die wertvollen Weihgaben der Athener für den delphischen Apollon enthielt und darüber hinaus mit Kriegsbeute aus Persien angefüllt war. Es ist an bedeutender Stelle an der Heiligen Straße erbaut, die zum Tempel führt. Dieses Schatzhaus, mit dem man u. a. die Überlegenheit gegenüber den Persern demonstrieren wollte, zeigt eindrucksvoll, wie eng im alten Griechenland Religion und Politik miteinander verknüpft waren.

SCHERBENGERICHT

Diese Münze zeigt den athenischen Staatsmann Themistokles, dessen Hauptverdienst der Ausbau des Hafens von Piräus sowie der Aufbau einer Flotte war, die 480 v. Chr. bei Salamis die Perser schlug. 471 v. Chr. verbannte ihn das Scherbengericht aus Athen. Beim Scherbengericht, einer alten Form des Volksgerichts in Athen, wurden die Namen der Männer, die die freiheitliche Ordnung störten, auf eine Tonscherbe geschrieben. Wurde ein Mann 6000-mal genannt, verbannte man ihn für zehn Jahre aus der Stadt.

Griechische Inschriften auf Bronze sind sehr selten: Normalerweise wurden sie in Stein geritzt.

GESETZESTAFEL

Mit dieser rechteckigen Tafel besiegelten die Städte Oeantheia und Chaleion ihre Vereinbarung, Streitereien über Landbesitz im Rahmen von Gerichtsverfahren zu klären. Verstöße wurden mit Strafen belegt.

Die in Stein gemeißelten Figuren stellen eine Personifikation der Demokratie bei der Krönung des Volks von Athen dar.

Die Buchstaben der Verordnung sind reihenweise untereinander und ohne Abstände zwischen den einzelnen Wörtern eingemeißelt – ein Stil, den man Stoichedon *nennt.*

GESETZ GEGEN TYRANNEI

Die Inschrift auf dieser Stele (aufrechte Steinplatte) umreißt das attische Gesetz gegen Tyrannei, das 336 v. Chr. von Eukrates erlassen wurde. Das Eukrates-Gesetz war eine von vielen Verordnungen der Volksversammlung, die zum Schutz der demokratischen Regierung Athens formuliert wurden.

Gottheiten und Helden

DIONYSOS
Der Gott des Weins und der Fruchtbarkeit reitet auf einem Tiger (Mosaik von der Insel Delos).

Die Griechen glaubten, dass alle Götter Nachkommen von Gaia (der Erde) und Uranos (dem Himmel) waren. Sie schrieben den Göttern menschliche Eigenschaften zu: Ihre Götter verliebten sich, heirateten, stritten, hatten Kinder, musizierten und zeigten die verschiedensten menschlichen Eigenarten. Jede Gottheit hatte ihren eigenen Zuständigkeitsbereich. Demeter und Persephone ließen das Getreide wachsen, Artemis war die Göttin der Jagd, Apollon konnte die Zukunft vorhersagen und Aphrodite war die Göttin der Liebe und der Schönheit. Den bekanntesten Göttern weihte man Tempel und Heiligtümer, die man mit Geld und Kunstgegenständen anfüllte. Die meisten bis heute erhaltenen griechischen Prachtbauten sind Tempel. In ihnen brachten die Menschen ihre Dank- und Bittopfer dar – Erntegaben oder Tiere, mit denen sie die Götter gnädig stimmen wollten.

SITZ DER GÖTTER
Der Olymp, der höchste Berg Griechenlands, galt als Sitz der Götter. Er liegt im Norden Griechenlands, da, wo Thessalien an Makedonien grenzt.

KÖNIG DER GÖTTER
Der Göttervater Zeus wird in der Kunst oft als kraftvoller, bärtiger, würdevoller Mann mittleren Alters dargestellt. Häufig hält er in der Rechten sein Symbol, den Blitz.

DIE SCHÖNE UND DER HÄSSLICHE
Auf diesem Spiegeldeckel sieht man Aphrodite beim Knöchelspiel (S. 34–35) mit Pan. Die Göttin der Liebe und Schönheit wird oft als anmutige junge Frau mit nacktem Oberkörper dargestellt. Sie ist hier in Begleitung von Eros, der als kleiner Junge mit Flügeln dargestellt ist und nach einigen Sagen ihr Sohn sein soll. Der Hirtengott Pan hat einen Ziegenkopf und Ziegenfüße.

DIE SCHAUMGEBORENE
Dieser Bronzekopf der Aphrodite stammt aus der Osttürkei. Der Sage nach wurde die Göttin aus dem Schaum des Meeres geboren und von den Zephyrwinden nach Zypern getragen. Sie war mit dem Feuergott Hephaistos verheiratet, verliebte sich aber in Ares, den Kriegsgott.

KOPFGEBURT
Athene war die Tochter von Zeus und Metis, der Göttin der Weisheit. Zeus hatte ein Orakel erhalten, dass der Sohn, der ihm geboren würde, ihn entthronen werde. Um dies zu verhindern, verschlang Zeus die schwangere Metis. Am Geburtstermin aber bekam er schreckliche Kopfschmerzen. Um diese zu lindern, spaltete Hephaistos den Kopf des Zeus und Athene sprang heraus.

Apollon und Daphne, Gemälde des Italieners Antonio del Pollaiuolo (1432–1498)

APOLLON UND DAPHNE
Apollon verfolgte die Nymphe Daphne. Sie entkam und wurde auf ihr Flehen hin von Gaia in einen Lorbeerbaum verwandelt, aus dem Apollon sich einen Kranz wand.

HEPHAISTOS
Der hinkende Götterschmied Hephaistos fertigte einen Thron und einen Schutzschild für Zeus an, außerdem eine Axt, mit der er Zeus' Kopf spaltete. Er war der Gott des Feuers und Ehemann der Aphrodite.

APOLLON
Der junge, hübsche Gott Apollon war ein Zwillingsbruder der Jagdgöttin Artemis. In Delphi hatte er ein Orakel und ein berühmtes Heiligtum. Er galt als Gott der Sonne und des Lichts und hatte Macht über Krankheiten.

ATHENE
Athene, die Schutzpatronin Athens, war Göttin der Weisheit und des Krieges und wachte über Kunst, Literatur und Philosophie. Das ihr heilige Tier war die Eule, ihre Lieblingspflanze der Ölbaum, den sie nach Athen gebracht haben soll. Im Trojanischen Krieg (S. 12–13) kämpfte sie mit den Griechen und stand danach Odysseus auf seiner langen Irrfahrt bei.

DEMETER UND PERSEPHONE
Demeter und ihre Tochter Persephone waren die Göttinnen der Ernte. Diese Terrakotta-Skulptur zeigt sie nebeneinander sitzend. Möglicherweise hielten sie die Zügel eines Ochsenkarrens, der nicht erhalten ist.

Fortsetzung auf der nächsten Seite

Fortsetzung von Seite 21

EROS UND PSYCHE
Die griechischen Mythen wurden beim Erzählen weiter ausgeschmückt und es entstanden unterschiedliche Versionen. In den verschiedenen Epochen griechischer Geschichte wechselte die Popularität der Götter und Helden. Das schlug sich auch in den Sagen und in der Kunst nieder. Diese hellenistische Terrakotta-Büste zeigt Eros, den Gott der Liebe, in leidenschaftlicher Umarmung mit Psyche, der Verkörperung der Seele. Für die alten Griechen versinnbildlichte diese Umarmung das vollkommene Glück.

DER FAUN
Dieses Gemälde des Italieners Piero di Cosimo (1462–1521) zeigt eine Tote, die von einem Faun und einem Hund betrauert wird. Der römische Gott Faun entspricht dem griechischen Gott Pan. Seine Söhne, die Faune, waren Waldgeister.

HERAKLES
Der stärkste von allen griechischen Helden war Herakles, der Sohn des Zeus und der irdischen Alkmene. Schon als Säugling erwürgte er mit bloßen Händen zwei von Hera gesandte Schlangen, die ihn töten sollten, und als Erwachsener löste er im Auftrag von König Eurystheus zwölf Aufgaben. Als Erstes tötete er den nemeischen Löwen, dessen Fell er fortan trug. Auch die Vasenmalerei (links) zeigt ihn im Löwenfell, und zwar bei seiner sechsten Aufgabe, dem Töten der stymphalischen Vögel. Diese vernichteten Ernten und verwundeten Menschen mit ihren spitzen Federn. Herakles scheuchte sie mit einer Bronzerassel auf, die Hephaistos für ihn angefertigt hatte, und schoss so viele von ihnen, dass der Rest für immer verschwand. Herakles war stark und mutig, liebte den Wein und die Frauen und hatte viele Liebesaffären.

BAU DER ARGO
Dieses römische Wandrelief stellt eine Szene aus der berühmten Sage von Jason und den Argonauten dar. Es zeigt, wie die Göttin Athene beim Bau des Schiffs Argo hilft. Jason war ein thessalischer Königssohn und die Argonauten waren eine Gruppe von Helden, die mit ihm auf einem selbst gebauten Schiff namens Argo nach Kolchis segelten, um das von einem Drachen bewachte Goldene Vlies zu holen, das Fell eines goldenen Widders.

PEGASUS
Diese Münze zeigt das geflügelte Pferd Pegasus, das von dem Helden Bellerophon gezähmt wurde. Bellerophon versuchte mit Pegasus in den Himmel zu reiten, was Zeus vereitelte, indem er Pegasus von einer Stechfliege stechen ließ. Dieser warf daraufhin Bellerophon ab, der auf die Erde fiel.

ZU HOCH!
Dädalus, Baumeister und Erfinder, fertigte für sich und seinen Sohn Ikarus künstliche Flügel aus Federn und Wachs an, um von Kreta zu entkommen. Doch Ikarus kam der Sonne zu nahe, das Wachs, das die Federn zusammenhielt, schmolz und der Junge stürzte ins Ägäische Meer und ertrank.

ICH WOLLTE WIE ORPHEUS SINGEN …
Orpheus war Dichter und ein begnadeter Musiker, der Leier und Kithara (ein harfenartiges Saiteninstrument) spielte. Wenn er sang, wurden wilde Tiere zahm, Bäume neigten ihm ihre Zweige zu und die erregtesten Gemüter wurden besänftigt. Orpheus reiste mit Jason auf der Argo, hielt die Mannschaft bei Laune und glättete die Meereswogen mit seiner Musik. Dieses Bild des Holländers Roelandt Savery (1576–1639) zeigt, wie die Magie von Orpheus' Musik ein freundliches Miteinander der verschiedensten Tiere bewirkt.

PERSEUS UND MEDUSA
Dieses Vasenmotiv von 460 v. Chr. zeigt Perseus, der gerade dem Ungeheuer Medusa den Kopf abgeschlagen hat. Medusa sinkt blutüberströmt zu Boden, ihren Kopf trägt Perseus in seiner Tasche.

FESTTANZ
Bei einem Fest auf dem Land fassen Menschen sich an den Händen. So treten sie vor einen Altar, auf dem ein Brandopfer dargebracht wird. Eine Priesterin (oder die Erntegöttin Demeter selbst) steht mit einem Korb zum Worfeln des Getreides hinter dem Altar.

Feste und Orakel

Wie andere Völker glaubten auch die Griechen mit ihren Göttern handeln zu können. Sie brachten ihnen Gold, Silber und Tiere als Opfer dar und veranstalteten ihnen zu Ehren Feste und Spiele. Als Gegenleistung erhofften sie, dass die Götter sie vor Krankheit bewahren und ihnen gute Ernten schenken würden. Die meisten Feste wurden einmal jährlich zu einem festen Termin gefeiert, andere alle vier Jahre. Die Götter wurden in Heiligtümern verehrt. Eines der wichtigsten in Griechenland war das des Apollon in Delphi. Apollon war der Gott des Lichts, der Dichtung, der Musik und der Heilkunst. Wenn man ihn verärgerte, brachte er Krankheiten. Er konnte weissagen und in Delphi sagte er den Menschen die Zukunft voraus. Seine Priesterin fungierte dabei als Sprachrohr und machte Vorhersagen, die mehrere Deutungen zuließen. Das Orakel (so nannte man die Weissagungsstätte und die Weissagung selbst) blieb in Delphi bis in christliche Zeiten erhalten.

HEILIGER STIER
Der Stier war bei wichtigen Anlässen bevorzugtes Opfertier. Durch Schmuck in Form von Kränzen und Bändern wollte man zum Ausdruck bringen, dass die Stiere den Göttern geweiht waren. In Tempeln fand man viele Abbildungen von bekränzten Stieren.

NEUES GLÜCK, ALTE KULISSE
Vor den riesigen Säulen eines griechischen Tempels in Paestum (Süditalien) posiert ein Brautpaar für Hochzeitsfotos. Alte Bauwerke wie dieses sollen den Jungvermählten Glück bringen.

NABEL DER WELT
Delphi wurde als Mittelpunkt der Welt angesehen. Die Griechen stellten an der vermeintlichen Stelle einen riesigen Stein auf, den *Omphalos* („Nabel der Welt"). Diese Terrakotta-Version im Museum von Delphi ist mit einem netzartigen Flechtwerk verziert, dessen genaue Bedeutung nicht geklärt ist.

TEMPEL DES APOLLON
Das höchste Heiligtum des Apollon lag in Delphi, an einem steilen Hang unterhalb der Felsen des Parnass, des Lieblingsplatzes von Apollon und den Musen. Die sogenannte Heilige Straße windet sich an den Schatzhäusern und anderen Gebäuden vorbei bis zu den Ruinen des großen Tempels mit Orakel und weiter zur darüber liegenden Terrasse.

HEILIGTUM DER ATHENE
Das Atheneheiligtum in Delphi liegt etwas abseits, unterhalb des Heiligtums des Apollon. In seiner Mitte steht dieser Rundtempel aus dem frühen 4. Jh. v. Chr. Den Hintergrund bilden Tausende von Ölbäumen, die Athene zugeschrieben werden und den Einheimischen immer noch gute Ernten liefern.

DER WAGENLENKER
Oberhalb des Apollontempels in Delphi erbaute man ein Stadion, in dem Spiele und Wagenrennen zu Ehren Apollons stattfanden. Das Wagenrennen zu gewinnen galt als größter Triumph bei den Spielen. Als Dank für seinen Sieg stiftete der Tyrann von Gela die Wagenlenkergruppe von Delphi, eine der bekanntesten Statuen der alten Griechen. Die Augen dieser Bronzestatue sind eine Einlegearbeit aus Glas und Stein, die Lippen sind aus Kupfer, das Stirnband hat ein Silbermuster. Die Pferde sind nicht erhalten, doch der Wagenlenker hält noch immer die Zügel.

DER WEG ZUR GÖTTIN
In Athen gibt es den Panathenäischen Weg, der zu den Heiligtümern und Altären der Athene auf der Akropolis führt. An diesem Weg, der am Marktplatz Athens, der *Agora*, beginnt, liegt die wiedererbaute *Stoa*, eine Säulenhalle, die als Handels- und Kommunikationszentrum diente.

OPFERPROZESSION
Auf dieser Weinschale ist ein langer Opferzug auf dem Weg zum Heiligtum der Göttin Athene dargestellt. Die Efeublätter am Rand des Gefäßes stehen für den Weingott Dionysos. Rechts unten, hinter dem Altar, auf dem schon die Flammen lodern, steht Athene. Angeführt wird die Gruppe von einer Frau mit Kuchentablett, gefolgt von dem Mann, der den Opferstier bringt, und einem Musiker, der den *Aulos* (S. 46) spielt. Die anderen Männer tragen die für die Verehrung der Göttin notwendigen Dinge, z. B. einen Krug mit Wein. Das Ende des Zugs bildet ein Maultierkarren.

Tempel

KAP SUNION
Dieser dem Meeresgott Poseidon geweihte Marmortempel aus dem 5. Jh. v. Chr. krönt ein Vorgebirge südlich von Athen. Weithin sichtbar grüßte er die von der Seefahrt heimkehrenden Griechen.

Die Religion spielte eine wichtige Rolle im Leben der Griechen und so ist es nicht verwunderlich, dass ihre Tempel die größten und schönsten Bauten waren. Oft hatten diese Prachtbauten auch einen politischen Hintergrund und wurden z. B. zur Selbstdarstellung einer bestimmten Stadt oder zum Dank an den Schutzgott einer Stadt für gewonnene Schlachten erbaut. Die Tempel bestanden aus Kalkstein oder Marmor, die Dächer und Decken aus Holz. Viele Arbeitskräfte waren zum Bau eines Tempels erforderlich. Riesige Felsblöcke mussten auf Ochsenkarren aus Steinbrüchen herangeschafft werden. Auf der Baustelle wurden sie dann von Steinmetzen mit verschiedenen Hämmern bearbeitet. Die schlanken Säulen bestanden aus runden Scheiben (Säulentrommeln), die mithilfe von Seilen und Flaschenzügen in die richtige Position gebracht und von Nägeln zusammengehalten wurden. Vollendet wurde die Pracht und Schönheit der Tempel durch dekorative Skulpturen wie Friese und Statuen in den Giebeln.

ZEUSTEMPEL
Alle vier Jahre fanden in Olympia, einem Heiligtum an den Ufern des Alpheios, große sportliche Wettkämpfe zu Ehren des Zeus statt. Dort fand man die Ruinen eines riesigen Zeustempels aus dem 5. Jh. v. Chr. sowie eine Reihe anderer bedeutender Bauwerke.

CERESTEMPEL
Poseidonia (das spätere Paestum), in Italien südlich von Neapel gelegen, war eine reiche griechische Kolonie. Der abgebildete Tempel wurde im 6. Jh. v. Chr. im dorischen Stil erbaut und ist als Tempel der Ceres (gleichzusetzen mit Demeter) bekannt. In Wirklichkeit war er der Göttin Athene geweiht und wurde später als Kirche genutzt. Durch eine Laune des Meeres, das Paestum überschwemmte und teilweise zerstörte, sich später aber wieder zurückzog, findet man dort heute die besterhaltenen Tempel der gesamten griechischen Welt.

ROSETTENKAPITELL
Dieses große Marmorkapitell schmückt eine Säule des Artemistempels in Ephesus. Dort wurde im Jahr 356 v. Chr. in derselben Nacht, in der Alexander der Große geboren wurde, ein älterer Tempel durch ein Feuer zerstört.

LÖWENMAUL
Regenwasser wurde von den Tempeldächern über Wasserspeier abgeleitet. Dieser hat die Form eines Löwenkopfes und gehört zu einem Athenetempel in Priene südlich von Ephesus.

DORISCH
Dorischer Stil (griechisches Festland und Kolonien in Süditalien und auf Sizilien): gedrungen, Säulenkapitell schlicht und schmucklos.

IONISCH
Ionischer Stil (östliches Griechenland und Inseln): schlanker und eleganter, Kapitell mit zwei schneckenartig gerollten Verzierungen (Voluten).

KORINTHISCH
Korinthischer Stil (vorwiegend an römischen Tempeln): dekorativ bereicherte Abwandlung des ionischen Stils, Kapitelle kunstvoll und mit Akanthusblättern verziert.

SÄULEN UND KAPITELLE
Die drei Hauptstilrichtungen griechischer Baukunst kann man an der Form der Säulen, v. a. am Säulenoberteil (Kapitell), unterscheiden.

KORINTHISCHES KAPITELL
Dieses korinthische Kapitell schmückte einst eine anmutige Säulenhalle in der heutigen Türkei. Als Verzierung erkennt man eine weibliche Theatermaske und Akanthusblätter. Letztere sind charakteristisch für korinthische Kapitelle.

PALMETTE
Dieser palmettenförmig gestaltete Dachziegel stammt vom Apollontempel in Bassae (Südgriechenland). Dort, in der Heimat berühmter Krieger, wurde Apollon wahrscheinlich als Soldatengott verehrt.

LOTOSBLÄTTER
Auf diesem Marmorfries erkennt man Palmetten, Lotosblätter und andere feingliedrige Muster. Der Fries befindet sich im oberen Teil der Ostwand des Erechtheion auf der Akropolis von Athen (S. 16–17). Das Dach der südlichen Vorhalle des Gebäudes wird von weiblichen Statuen mit Körben auf dem Kopf (Karyatiden) getragen. Perikles ließ das Erechtheion Mitte des 5. Jh. v. Chr. auf den Ruinen älterer Tempel erbauen, um der in den Perserkriegen zerstörten Akropolis wieder Glanz zu verleihen.

Heim und Herd

Korn mahlende Frau (Terrakotta)

Die Häuser der Griechen hatten kleine, hoch oben sitzende Fenster. Die Wände bestanden aus ungebrannten, an der Sonne getrockneten Lehmziegeln und waren daher nicht besonders hart. Bei dem abgebildeten Bauernhaus handelt es sich um ein recht einfaches Bauwerk, Stadthäuser waren sicher geräumiger und luxuriöser. Die Häuser hatten einen Innenhof oder Garten, in dem sich häufig ein Brunnen befand, an dem Sklavinnen die Wäsche wuschen und Wasser holten. Außerdem zierte den Vorhof oft eine Statue des Gottes Hermes, die böse Geister bannen sollte. Es lässt sich heute nur schwer sagen, wie ein typisches Haus im alten Griechenland aussah. Dieses Bauernhaus ist der Versuch der Rekonstruktion eines Hauses aus dem 4. Jahrhundert v. Chr., dessen Überreste man südlich von Athen ausgegraben hat.

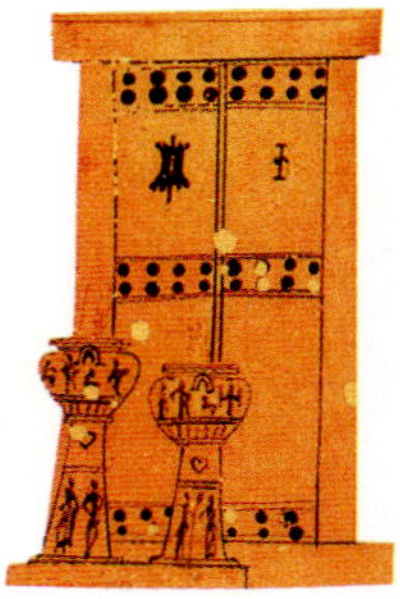

KOSTBARKEITEN
Da Holz teuer war, galten Türen als Wertgegenstände. Vor der Tür stehen zwei Mischkrüge, die bei Hochzeiten verwendet wurden.

WASSERSPEIER
Die Dächer vornehmer Häuser waren mit Rinnen für Regenwasser versehen, das durch Wasserspeier wie diesen in Form eines Löwenkopfes abfloss.

Leiter zum oberen Stockwerk

In jedem Haus gab es einen Altar, auf dem die Familie den Göttern opferte.

In den Frauengemächern standen Webstühle, Wiegen und Ruhebetten.

Der Herd diente zum Kochen und lieferte glühende Holzkohle für tragbare Kohlenpfannen.

Im Speisezimmer traf sich der Hausherr mit seinen Freunden.

BÄH!
Die Terrakotta-Dachziegel der Tempel und vornehmen Häuser waren manchmal mit Menschen- oder Tiergesichtern versehen. Diese Gorgo streckt uns sogar die Zunge heraus! Im Originalzustand fiel sie durch leuchtende Farben deutlich ins Auge.

SITZENDE SCHÖNE
Dieses Vasengemälde zeigt eine junge Frau, die sich möglicherweise für ihre Hochzeit zurechtmacht. Die extravagante Stuhlform ist ein häufiges Vasenmotiv.

LIEGESOFAS
Da die griechischen Liegestätten vorwiegend aus Holz bestanden, sind keine Originale erhalten. Dieses Bronzerelief zierte die Kopflehne eines Sofas.

Die Welt der Frauen

Darstellung einer Griechin von Sir Lawrence Alma-Tadema (1836–1912)

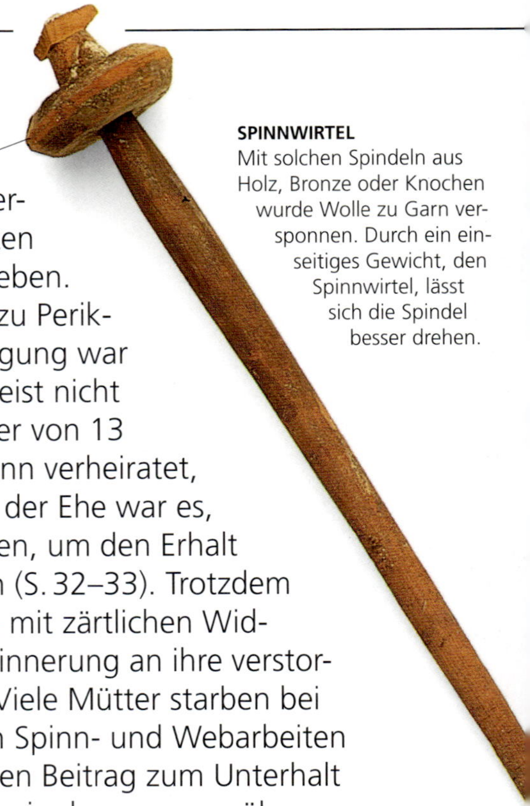

SPINNWIRTEL
Mit solchen Spindeln aus Holz, Bronze oder Knochen wurde Wolle zu Garn versponnen. Durch ein einseitiges Gewicht, den Spinnwirtel, lässt sich die Spindel besser drehen.

In kretisch-minoischer Zeit hatten die Frauen noch verhältnismäßig große Freiheiten, doch später bestimmten Ehemänner, Väter und Brüder zunehmend über ihr Leben. Ohne männliche Begleitung durften attische Frauen zu Perikles` Zeiten kaum das Haus verlassen. Politische Betätigung war reine Männersache. Darüber hinaus waren Frauen meist nicht erbberechtigt und hatten kaum eigenes Geld. Im Alter von 13 oder 14 Jahren wurden sie mit einem viel älteren Mann verheiratet, den ihr Vater ausgewählt hatte. Wichtigste Funktion der Ehe war es, Kindern, vorzugsweise Jungen, das Leben zu schenken, um den Erhalt der männlichen Linie zu garantieren (S. 32–33). Trotzdem gab es glückliche Ehen. Grabsteine mit zärtlichen Widmungen trauernder Männer zur Erinnerung an ihre verstorbenen Frauen deuten darauf hin. Viele Mütter starben bei der Geburt eines Kindes. Mit ihren Spinn- und Webarbeiten leisteten die Frauen einen wichtigen Beitrag zum Unterhalt der Familie. Nach außen übten sie dagegen nur über ihren Mann Einfluss aus, wenn auch oft in nicht unerheblichem Maß.

BILDUNG
Mädchen gingen nicht zur Schule (S. 32– 33), sondern wurden zu Hause von ihren Müttern im Spinnen, Weben und in Haushaltsführung unterrichtet. Frauen aus besserem Hause konnten oft lesen und schreiben. Diese auf einer Vase abgebildete Frau liest in einer Papyrusrolle.

SPINNERIN
Auf diesem weißgrundigen Krug spinnt eine Frau mit Spinnrocken und Spindel. Der Rocken war ein Holz- oder Metallstab. An einer Seite war er zugespitzt, an der anderen befand sich ein Griff.

BALANCEAKT
Nur wenige Haushalte hatten eine eigene Wasserversorgung. So holten Frauen und Sklavinnen das Wasser aus öffentlichen Brunnen. Die Brunnen waren beliebte Treffpunkte, an denen man sich mit Freundinnen unterhalten konnte. Die beiden plaudernden Frauen auf dieser Vasenmalerei balancieren ihre Wasserkrüge auf dem Kopf.

Ein in schwarzfiguriger Technik (S. 48–49) mit spinnenden und webenden Frauen verziertes *Epinetron*

EPINETRON
Auch in vornehmen Kreisen galten Spinnen und Weben als geeignete Beschäftigungen für Frauen. Zum Aufrauen des schon gesponnenen Wollfadens vor der weiteren Verarbeitung diente das *Epinetron*. Die Frauen legten das Gerät auf den Oberschenkel und zogen den Faden über die raue Oberfläche.

DICHTERIN
Die griechische Lyrikerin Sappho lebte um 600 v. Chr. auf der Insel Lesbos in der östlichen Ägäis. Ihre Liebesgedichte drücken sehr persönliche Gefühle aus, schildern aber auch eingehend das Leben anderer Frauen. Auf Lesbos genossen Frauen anscheinend mehr Freiheiten als z. B. in Athen.

Die Lämpchen auf den Tischen dienten vielleicht als Stövchen zum Warmhalten der Speisen.

UNTERHALTUNGSKÜNSTLERINNEN
Von ehrbaren Frauen erwartete man, dass sie sich vorwiegend zu Hause aufhielten und die Arbeit der Sklaven beaufsichtigten. Die einzigen Frauen, denen man die Teilnahme an Symposien (Festgelage, S. 36–37) erlaubte, waren die Hetären, oft Kriegsgefangene. Hetären unterhielten die männlichen Gäste mit Flötenspiel, Tänzen und anderen Darbietungen. Sie waren oft sehr gebildet.

SCHÖNES FÜR SCHÖNE
Als Spiegel benutzten die Griechinnen hochglanzpolierte Bronzescheiben. Als Spiegelstützen waren Koren oder Göttinnen beliebt. Diesen Bronzespiegel trägt die Göttin Aphrodite in Begleitung zweier Eroten (Liebesgötter). Außer Spiegeln fand man bei Ausgrabungen Schmuckkästchen, Kämme und Parfümflaschen in großer Zahl: Reiche Frauen achteten sehr auf ihre Schönheit.

Kindheit

Die Zukunft eines Kindes lag ganz in der Hand seines Vaters. Sobald es geboren war, übergab die Mutter es dem Vater. Er entschied, ob es am Leben bleiben und in der Familie aufwachsen durfte. Wenn er sich nicht dazu in der Lage sah, ein weiteres Kind zu ernähren, wenn das Baby nicht kräftig genug, behindert oder ein unerwünschtes Mädchen war, konnte er es aussetzen. Manche ausgesetzten Kinder fanden als Sklaven Aufnahme in fremden Familien. Wurde ein Kind aber von seiner Familie angenommen und hatte zehn Tage nach der Geburt einen Namen erhalten, war man sehr fürsorglich mit ihm. Spiele und Spielzeug der Kinder von damals kennen wir zum Teil heute noch, etwa Rasseln, Wippen, Drachen und Bälle oder das Blindekuhspiel, von dem einige Schriftsteller berichten. Im Alter von sieben Jahren gingen die Jungen zur Schule, die Mädchen blieben zu Hause. Das Alter von 12 oder 13 Jahren sah man als das Ende der Kindheit an. Dann wurde das Spielzeug Apollon oder Artemis geweiht.

TÖPFCHEN
Die Griechen kannten Töpfchen, die gleichzeitig als Hochstuhl dienten (oben ein Vasenmotiv, rechts ein Ausgrabungsfund vom Marktplatz von Athen).

Baby von heute auf antikem Nachttopf

SCHNELLER! SCHNELLER!!
Dieses Weinkrugmotiv zeigt zwei kleine Jungen, die ihren Freund in einem Handwagen ziehen. Manchmal spannte man auch Ziegen vor solche Kinderwagen. Bei den Anthesterien, einem Weinfest in Athen, überreichte man solche Weinkrüge dreijährigen Knaben als Zeichen, dass sie über das Säuglingsalter hinaus waren.

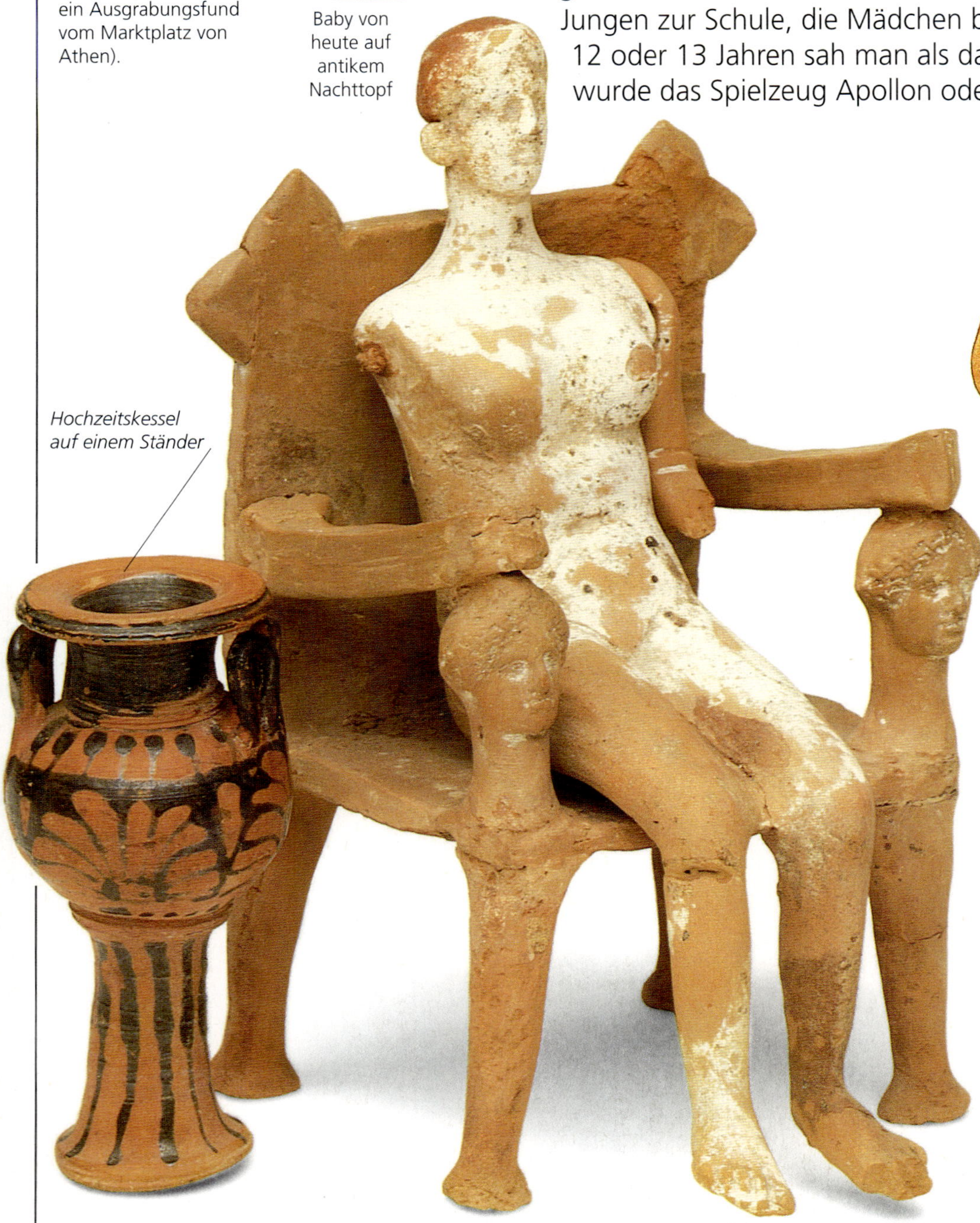

Hochzeitskessel auf einem Ständer

MÄDCHENGRAB
Diese Terrakotta-Figur auf einem hochlehnigen Stuhl fand man im Grab eines kleinen Mädchens. Die Figur stellt wahrscheinlich das verstorbene Mädchen als Erwachsene dar. Weitere Grabbeigaben sind Tonminiaturen von Gegenständen aus der Erwachsenenwelt.

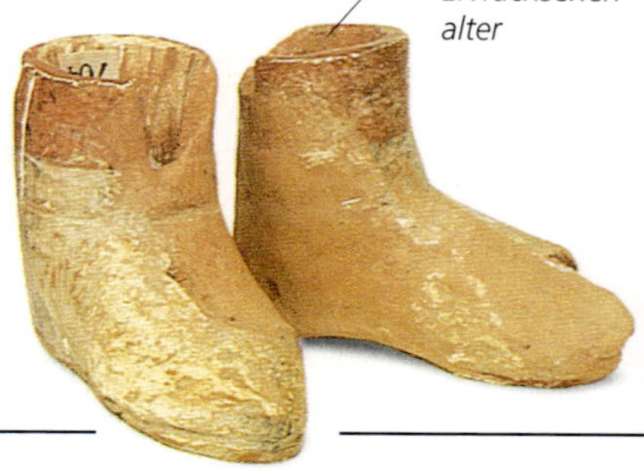

Ein Paar Stiefel, Zeichen für das Erwachsenenalter

Erziehung

Jungen ab sieben Jahren lernten in der Schule bei einem *Grammatistes* Lesen, Schreiben und Rechnen. Musik, einschließlich des Spielens eines Instruments, lehrte ein *Kitharistes*. Die Schüler lernten Gedichte auswendig vorzutragen und die Kunst des Diskutierens. Wanderlehrer, sogenannte Sophisten, erteilten den älteren Schülern Unterricht in Philosophie, Staatslehre und Rhetorik. Dieser Unterricht fand im *Gymnasion* („Übungsstätte") statt. Mädchen besuchten keine Schule, doch in wohlhabenden Familien brachten ihnen Hauslehrer Lesen und Schreiben bei. Von ihren Müttern lernten sie Spinnen, Weben und Haushaltsführung.

GRIFFEL
Schreiben lernten die Knaben auf mit Wachs überzogenen Holztafeln, in die sie die Buchstaben mit einem Griffel aus Knochen oder Metall ritzten. Mit dem stumpfen Teil des Griffels wurde die Tafel wieder geglättet.

AUFPASSER
Der Mann mit dem langen Stock ist ein Pädagoge (*Paidagogos*), ein Sklave, dessen Aufgabe es war, seinen jungen Herrn zur Schule zu begleiten und darauf zu achten, dass er am Unterricht teilnahm.

Die Palästra von Olympia

KÖRPERERTÜCHTIGUNG
Um später gute Soldaten zu werden, mussten die Jungen ihren Körper trainieren. Sportlehrer (*Paidotribai*) unterrichteten sie in vielen Sportarten, u. a. auch im Ringen. Diese Sportart wurde in der *Palästra* ausgeübt, einem langgestreckten, niedrigen Gebäude mit Umkleidekabinen, die um einen säulenumgrenzten Innenhof mit Sandboden angeordnet waren.

TONSPIELZEUG
Kinderspielzeug bestand oft aus Holz oder Stoff und ist deshalb nicht erhalten. Spielzeuge wie diese Reiterfiguren sind vielleicht von Töpfern aus Tonresten hergestellt worden. Sie waren handgemacht, bunt bemalt und wurden Kindern als Beigabe mit ins Grab gelegt.

Spiel und Spaß

TÄNZERIN
Diese Sklavin im kurzen Faltenrock klappert beim Tanzen mit Kastagnetten.

Reiche Griechen, insbesondere die Städter, hatten viel Freizeit, die sie gern mit Gesprächen und Festmahlen sowie dem Besuch von Sportstätten und jeder Art von Spiel ausfüllten. Musik hatte einen besonderen Stellenwert. Man sang bei Geburten, Hochzeiten und Beerdigungen, es gab Liebes-, Kriegs-, Trink- und Dankeslieder. Begleitet wurden die Gesänge mit Musikinstrumenten – Saiteninstrumenten wie Harfe, Leier und Kithara (eine Art große Leier) und Blasinstrumenten wie der Panflöte, die aus Schilfrohren von unterschiedlicher Länge besteht. Leider gibt es fast keine aufgeschriebenen Musikstücke aus dem alten Griechenland. Vielleicht bekommt man eine Vorstellung vom Klang der Musik, wenn man sich tanzende Frauen auf Vasenbildern ansieht. Sie scheinen sich rhythmisch zum Klang langsamer, schwermütiger Melodien zu bewegen. Griechische Männer sahen gern den Tanzdarbietungen bei Festen und Trinkgelagen (S. 36–37) zu.

KLANG DER ZIMBEL
In diese Bronzezimbeln ist der Name des Besitzers eingraviert. Nur wenige Musikinstrumente sind erhalten, doch auf Vasenmalereien kann man sie häufig bewundern.

HARFENSOLO
Dieses Motiv einer rotfigurigen Vase (S. 48–49) zeigt drei Personen mit Musikinstrumenten. Die sitzende Frau ist Terpsichore, die Muse der Tanzkunst. Musen waren Göttinnen der Künste. Terpsichore scheint sehr in ihr Harfenspiel vertieft, während die anderen beiden zuhören. Der Mann rechts mit der Leier ist Musaios, ein legendärer Dichter.

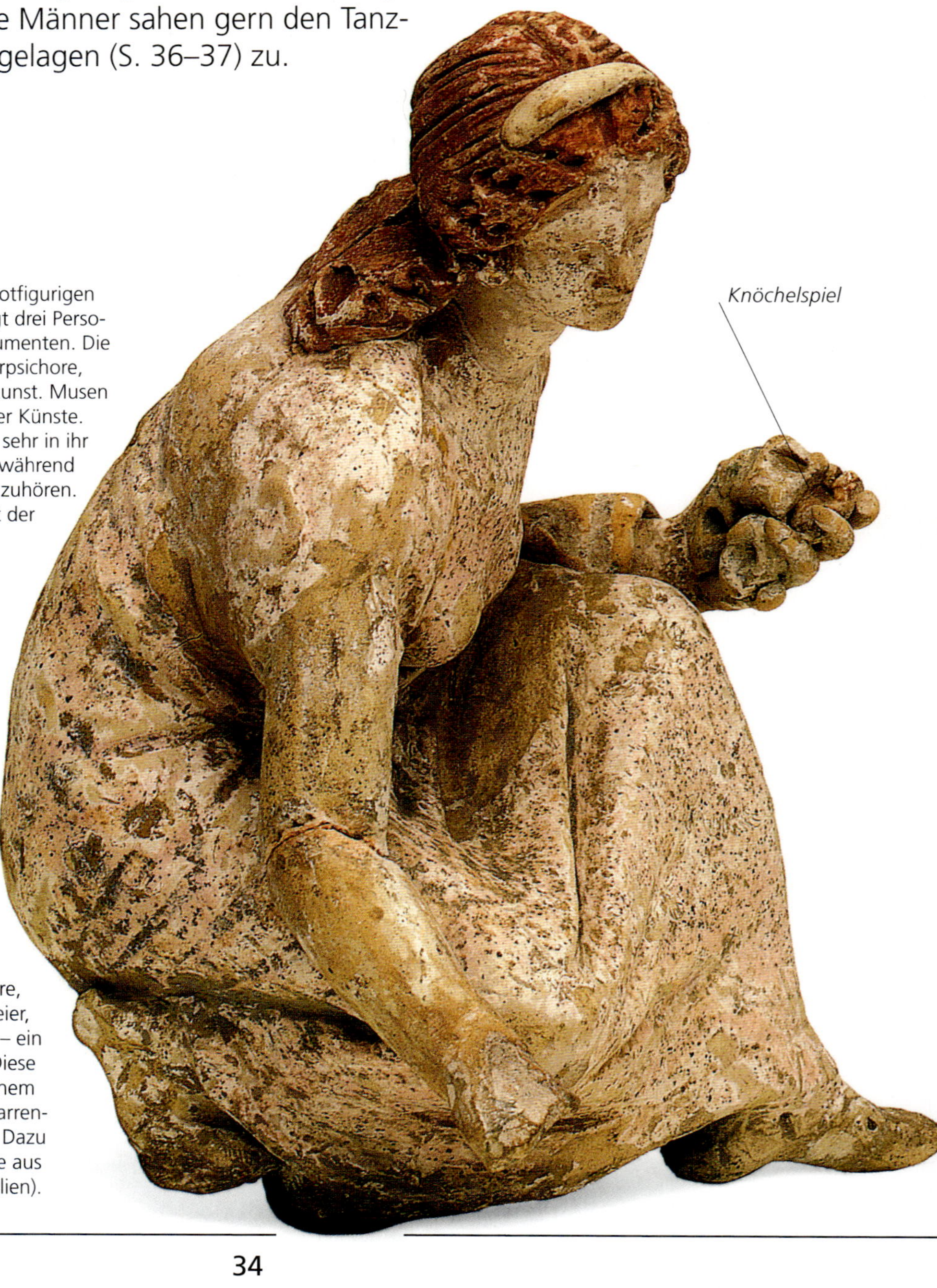

Knöchelspiel

GROSSE LEIER
Die Kithara, eine größere, hölzerne Version der Leier, ist schwierig zu spielen – ein Instrument für Könner. Diese Frau zupft die Saiten mit einem Plektron, wie es heute von Gitarren- oder Zitherspielern benutzt wird. Dazu singt sie oder trägt Verse vor (Statue aus einer griechischen Kolonie in Süditalien).

SCHLACHTEN AUF DEM SPIELFELD
Der griechische Geschichtsschreiber Herodot (5. Jh. v. Chr.) nahm an, dass Brettspiele in Lydien (Kleinasien) erfunden worden sind. Dort fand man u. a. Spielsteine, Spielmarken und Würfel aus Stein, Knochen und Ton. Einige Vasenmotive zeigen Krieger, die sich beim Spiel vom Kampf erholen. Hier sieht man die griechischen Helden Ajax und Achilles bei einer Art Schachspiel.

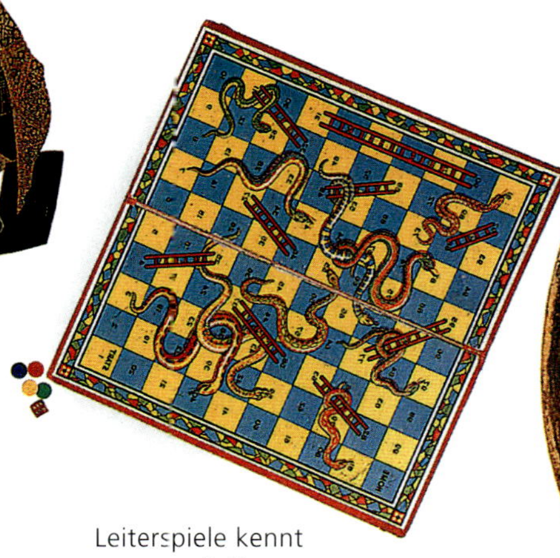

Leiterspiele kennt man seit über 2000 Jahren.

GETROFFEN
Kottabos war ein ebenso einfaches wie beliebtes Spiel. Es wurde oft zum Abschluss eines Festes gespielt und war nicht nur den Männern vorbehalten. Die Aufgabe bestand darin, mit bestimmter Fingerhaltung die letzten Tropfen Wein aus einem Trinkgefäß auf ein Ziel zu schleudern. Hier sieht eine Ente einer Frau dabei zu.

BOWLS FÜR MÄDCHEN
Sehr beliebt war das Knöchelspiel, besonders bei Frauen. Das Spiel ähnelt dem in England beliebten Kugelspiel Bowls. Die kugelartigen Gebilde, mit denen man spielte, wurden aus den Knöcheln kleiner Paarhufer gefertigt.

BOXEN
Von Jungen wurde erwartet, dass sie ihren Körper trainierten. Boxen war nur eine von vielen Sportarten, zu deren Ausübung sie ermuntert wurden. Anstelle von Boxhandschuhen umwickelten die Kämpfer ihre Hände und Handgelenke mit Lederriemen (*himantes*).

IMMER IM KREIS
An diesem Kreisel befestigte man einen Faden, mit dessen Hilfe man den Kreisel tanzen ließ.

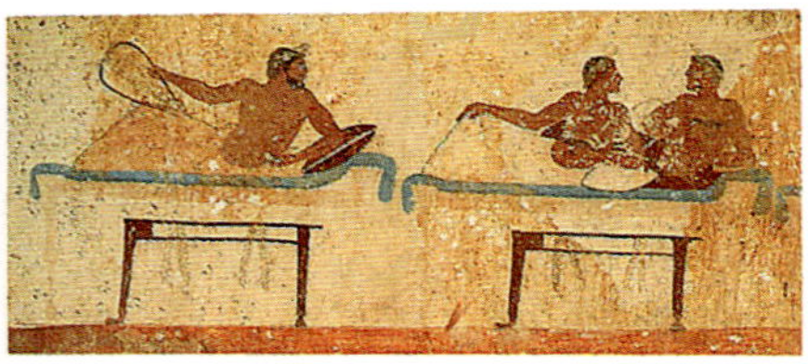

GRABMA(H)L
Diese Gastmahlszene schmückt die Wand eines Grabes in Paestum, einer griechischen Stadt in Süditalien. Junge Männer haben es sich auf Liegen bequem gemacht und lassen sich von Sklaven mit Speisen und Wein bewirten.

Essen und Trinken

In Athen und anderen griechischen Städten veranstalteten die Männer oft Bankette und Trinkgelage (*Symposia*) für ihre männlichen Bekannten. Viele griechische Vasenmotive zeugen davon. Es gab kleine Symposien im privaten Bereich und große im öffentlichen Rahmen. Ein *Symposion* im Freundeskreis fand meist im Anschluss an ein Abendessen im Speisezimmer statt. „Ehrbare Frauen" waren nicht zugelassen. Sklavinnen, die Hetären (S. 31), unterhielten die Männer mit Tanz, Flötenspiel und akrobatischen Darbietungen (S. 30–31). Der Abend begann mit dem Trankopfer (meist Wein) für die Götter, dazu sang man Lieder zu ihren Ehren. Die Gäste trugen Girlanden und waren parfümiert. Während früh am Abend häufig über Politik und Philosophie gesprochen wurde, ging man später zu Witzen, Rätseln und Geschichten über. Nachdem gut gegessen und viel getrunken worden war, schliefen die Gäste manchmal auf ihren bequemen Liegen ein. Aufräumen mussten die Frauen und Sklaven.

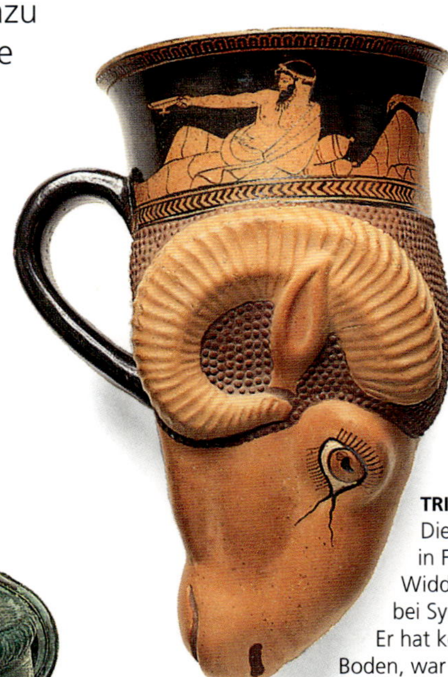

TRINKBECHER
Dieser Trinkbecher in Form eines Widderkopfs wurde bei Symposien benutzt. Er hat keinen ebenen Boden, war also nicht abzusetzen. Wahrscheinlich wurde er ständig herumgereicht. Die Gastmahlszenen am oberen Rand geben uns einen Eindruck vom eleganten und bequemen Lebensstil reicher athenischer Männer.

Schwarze und grüne Oliven servierte man wahrscheinlich bei Symposien als Appetitanreger.

WEINGEFÄSSE
Wein, das Lieblingsgetränk der Griechen, wurde fast immer mit Wasser verdünnt. Ein typisch griechisches Frühstück bestand aus in Wein getauchtem Brot und Feigen. Es gab die verschiedensten Gefäße für Wein. Viele sind erhalten. Sie bestehen meist aus Ton, seltener aus Bronze. In dem Glocken-Krater ganz links mischte man Wasser und Wein und füllte dieses Gemisch mit einer Kelle in eine *Oinochoe*, eine einhenkelige Weinkanne (links), aus der der Sklave dann die Becher füllte.

Sogar Städter hielten sich eine Ziege, um Milch und Käse zu haben.

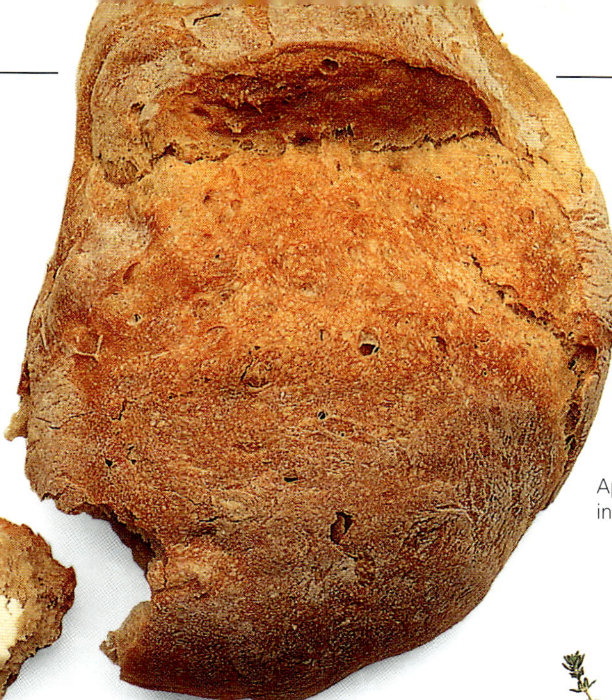

Brot und Ziegenkäse

GÖTTERSPEISE UND MENSCHENKOST

Die Griechen bauten Weizen und Gerste an, aus denen sie Brot und Getreidebrei herstellten. Weitere Grundnahrungsmittel waren Linsen, Erbsen, Zwiebeln, Knoblauch und Kohl. Fleisch wurde hauptsächlich bei religiösen Festen gegessen, bei denen das Opfertier unter den Teilnehmern aufgeteilt wurde. Ansonsten dienten Fisch und Käse als Eiweißlieferanten. An Obst kannte man Granatäpfel, Feigen, Äpfel und Birnen. Apfelsinen- und Zitronenbäume pflanzte man in Griechenland erst sehr viel später an.

Fischplatte mit Makrele

FISCHGERICHTE

Auf Symposien gab es oft mehrere Sorten Fisch. Viele griechische Städte lagen in Küstennähe, wo Fischer Meeräschen, Thunfische, Makrelen und Störe fingen. Frische Kräuter waren eine beliebte Würze. Diese Makrele ist auf Lorbeer- und Thymianzweige gebettet.

Tintenfisch (Sepia)

MEERESFRÜCHTE

Fische und Tintenfische gibt es in den Meeren rund um Griechenland reichlich. Wie früher stehen auch heute Meerestiere häufig auf dem Speiseplan der Griechen.

Feigen in moderner Schale

SÜSSES

Feigen wachsen im Mittelmeerklima sehr gut. In einer Zeit, in der es noch keinen Zucker gab, waren süße Früchte als Dessert beliebt. Kekse und Kuchen süßte man mit Honig.

Das griechische Drama

Griechische Theater gehören zu den eindrucksvollsten Bauwerken des Altertums. In Städten wie Athen oder an heiligen Orten wie Delphi und Epidauros strömten die Menschen zusammen, um sich Dramen zu Ehren der Götter anzusehen. Die Ursprünge des Schauspiels liegen in Dankfesten, die in Athen zu Ehren des Weingottes Dionysos mit Tänzen und Gesängen gefeiert wurden. Seit Mitte des 6. Jahrhunderts v. Chr. veranstaltete man bei den „Großen Dionysien" Dramenwettbewerbe. Ab dem 5. Jahrhundert v. Chr. wurden Komödien und Tragödien aufgeführt. Die Zuschauer verbrachten mehrere Tage im Theater des Dionysos im Norden der Akropolis. Die Schauspieler waren ausschließlich Männer. Sie trugen Masken und Perücken, die Charakter und Stimmungen der dargestellten Personen ausdrückten. Der Chor kommentierte das Geschehen und wandte sich direkt an die Zuschauer. Die Stücke wurden teilweise von Musikanten begleitet, die in der *Orchestra*, einem runden Platz in der Mitte, spielten.

EURIPIDES
Der Gesichtsausdruck dieser Büste lässt die Ernsthaftigkeit vieler Stücke des Euripides (5. Jh. v. Chr.) erahnen. Seine Darstellung der Schrecken des Krieges machte die Athener, die ihre Feinde sehr grausam behandelten, betroffen.

SCHACHMATT
Diese Terrakotta-Figur zeigt einen als alte Frau verkleideten Komödiendarsteller, der sich müde auf einem Sitz ausruht.

VOGELPERSPEKTIVE
Auch aus der letzten Reihe des Theaters von Epidauros konnte man der Vorführung gut folgen. Hier ist die Kulisse für eine moderne Aufführung aufgebaut.

EPIDAUROS
Aus dieser Perspektive sah ein Schauspieler die Ränge des 14 000 Zuschauer fassenden Theaters von Epidauros, wenn er auf die Bühne trat. Der Zuschauerraum mit nach oben ansteigenden Sitzreihen ist ein halbkreisförmiges Stadion, das in einen Hügel hineingebaut worden ist. Diese Form gewährleistet nicht nur gute Sicht für alle, sondern v. a. eine hervorragende Akustik. Die unten agierenden Schauspieler waren auch in der letzten Reihe zu verstehen.

SOPHOKLES
Dieses Bild aus einer Dramenausgabe des 19. Jh. zeigt eine Skulptur des Dramendichters Sophokles. Wie von vielen berühmten Menschen wurden auch von Sophokles erst nach seinem Tod Porträts angefertigt, die daher nicht naturgetreu sind. Die Dramen des Sophokles handeln von legendären Königsfamilien und ihren tragischen Schicksalen. Noch heute ziehen Figuren wie Ödipus oder Elektra die Zuschauer in ihren Bann.

GRIECHISCHE DRAMEN
Heutige Schauspieler führen die *Oresteia*, eine Trilogie des großen Dramatikers Aischylos, auf. Die drei Stücke handeln vom Tod des Agamemnon nach dem Trojanischen Krieg und vom Schicksal seines Sohnes Orest.

In Komödien des 4. Jh. v. Chr. spielten häufig Musen eine Rolle. Diese hält die Maske des Charaktertypus „junge Frau" in der Hand.

Der übertrieben kunstvolle Hut soll andeuten, dass dieser bärtige Mann nicht durch ehrbare Arbeit reich geworden ist.

SOUVENIRS
In Gräbern fand man z. T. komplette Rollenbesetzungen von Theaterstücken in Form solcher ursprünglich in leuchtenden Farben bemalter Terrakotta-Statuetten. Die anmutige Frau stellt wahrscheinlich eine der neun Musen dar, der bärtige Mann eine von den Einkünften von Hetären (S. 31, 36) lebende zwielichtige Figur der späteren griechischen Komödie.

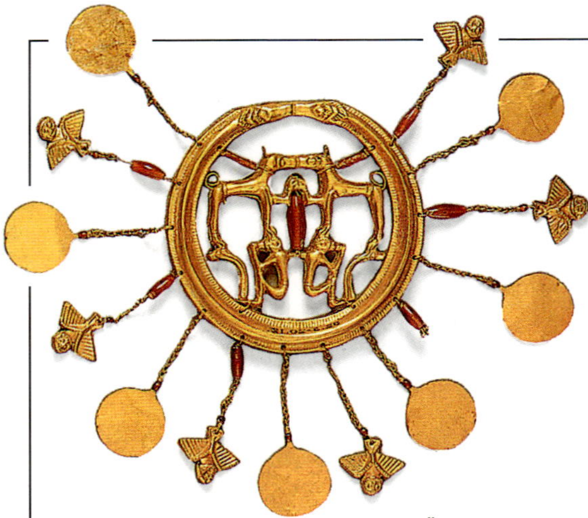

Körperpflege

Die Griechen legten großen Wert auf Schönheit und Sauberkeit. Männer und Frauen auf Plastiken und Vasen sieht man in eleganter, fließender Kleidung in anmutigen Posen (S. 42–43). Junge Männer pflegten und trainierten ihren Körper, um gute Sportler und Soldaten zu werden. Nacktheit galt bei jungen Männern als ganz normal. Ihre sportlichen Wettkämpfe trugen sie immer nackt aus (S. 44–45). Nach dem Sport rieben sich Jungen und Männer mit Olivenöl ein, um die Haut geschmeidig zu halten. Frauen bedeckten Körper und Kopf, wenn sie das Haus verließen. Ihre Sommerkleidung aus zarten Stoffen war allerdings manchmal nahezu durchsichtig. Sie parfümierten sich mit ätherischen Ölen und setzten ihre Haut möglichst wenig der Sonne aus, da Sonnenbräune als unschön galt. Wohlhabende Frauen trugen kunstvoll gearbeiteten Gold- und Silberschmuck.

SCHÖNE TOTE
Schmuck war ein Zeichen für Wohlstand. Auf dieser Grabstelle reicht ein Sklave einer Frau ein Armband. Wahrscheinlich stellt sie die Verstorbene dar.

DER ÄGINA-SCHATZ
Diesen Ohrring fand man zusammen mit einem Anhänger auf der Insel Ägina. Er stammt aus minoischer Zeit (S. 8–9). Eine Schlange bildet den Ring, in dessen Mitte zwei Hunde auf Affenköpfen stehen.

MODEBEWUSST
Diese Terrakotta-Figur zeigt eine modisch gekleidete Griechin (S. 42–43), die ein tunikaartiges Gewand, den *Chiton*, und darüber ein Tuch, das *Himation*, trägt. In der Hand hält sie einen Fächer. Die Kleidung war oft sehr farbenfroh, wie man auch an den Farbresten auf der Skulptur erkennen kann. Die Frisuren waren kunstvoll. Diese Frau trägt eine Kopfbedeckung (Fundort: Tanagra in Griechenland).

PUDERDOSE
Frauen bewahrten Parfüm, Puder und andere Kosmetika in runden, flachen Dosen mit Deckel auf, die man *Pyxis* nannte. Auf dieser sind spinnende und webende Frauen abgebildet.

DIE WANNE IST VOLL!
Die Griechen badeten regelmäßig. Die Badewannen waren kleiner als heute, wie man an dieser Terrakotta-Figur erkennen kann. Am Fußende befand sich eine Vertiefung, aus der man Wasser schöpfte, um es sich über Kopf und Körper zu gießen.

Silberne Fibeln (Schmucknadeln zum Befestigen der Kleidung)

Spiegeldeckel

SPIEGLEIN, SPIEGLEIN AN DER WAND ...
Spiegel wurden aus Bronze hergestellt. Eine Seite war auf Hochglanz poliert, sodass man sich darin betrachten konnte, die andere oft mit einem Motiv aus einer Sage verziert. Auf diesem Spiegeldeckel sieht man Aphrodite und den bocksbeinigen Pan (S. 20, 22). Über dem Deckel liegen zwei durch eine lange Silberkette verbundene Fibeln – Broschen, mit denen man Kleidungsstücke zusammenhielt.

KOPFPUTZ
Die Köpfe von Götterstatuen, die bei Festumzügen umhergetragen wurden, waren gelegentlich mit Goldkränzen und -zweigen geschmückt. Auch Verstorbenen legte man solche Kränze um.

SCHICKE OHREN
Ohrringe waren meist aus Gold oder Silber. Die hier abgebildeten sind wie kleine Boote gearbeitet, von denen Herzmuscheln herabhängen. In den Booten sitzen kleine Sirenen (Mädchen mit Vogelleib).

Westmacott Athlet

BILDERBUCHATHLET
Diese Statue ist die römische Kopie einer Skulptur des griechischen Bildhauers Polyklee. Sein Interesse galt den Idealproportionen des menschlichen Körpers. Er fertigte viele Statuen männlicher Athleten an und erörterte das Thema in einem Buch. In Olympia gibt es einen Sockel, auf dem die griechische Originalfigur gestanden haben könnte. In den Sockel ist der Name eines jungen Boxers namens Kyniskos eingemeißelt.

PARFÜMFLÄSCHCHEN
Diese bemalte Glasflasche diente zur Aufbewahrung von Parfüm, das vorwiegend in Korinth und auf Rhodos hergestellt und in alle Welt exportiert wurde. Die meisten Parfümbehälter bestanden aus Ton.

GUT GEÖLT!
Ein Sportler ölt den Rücken seines Freundes ein. Das überflüssige Öl wurde mit einem gebogenen Bronzeschaber entfernt.

Bequeme Kleidung

Chiton

Die heimische Schafzucht lieferte den wichtigsten Rohstoff für die Kleidung der Griechen. Die Schafwolle wurde sehr fein versponnen, sodass die Gewänder dünner und leichter waren als Wollkleidung von heute. Außerdem baute man Flachs an, den man zu Garn für kühle Leinenkleidung verspann. Die Reichen kauften teure Seide aus dem Osten. Leuchtende Farben waren beliebt, besonders bei Frauen. Die Farbstoffe gewann man aus Pflanzensäften, aber auch aus Tieren, z. B. Purpurrot aus Meeresschnecken oder den violetten Kermesfarbstoff aus der Ilexschildlaus. Ärmere Leute trugen wahrscheinlich ungefärbte Gewänder. Die Kleidung von Männern und Frauen unterschied sich kaum und blieb über Jahrhunderte nahezu unverändert. Grundgarderobe war der *Peplos*, ein röhrenförmiges Gewand, das an den Schultern mit Nadeln gehalten wurde. Später wurde er durch den ohne Nadeln zu tragenden *Chiton* ersetzt.

LADY HAMILTON
Sir William Hamilton, Ende des 18. Jh. britischer Gesandter in Neapel, sammelte griechische Antiquitäten. Seine Frau Emma kleidete sich oft griechisch.

FRISUREN
Mit Ausnahme der Sklavinnen hatten die griechischen Frauen langes Haar, das am Hinterkopf hochgesteckt war. Halt bekam die Frisur durch ein Netz und Bänder. Zu besonderen Anlässen trugen die Frauen Diademe und anderen goldenen Haarschmuck.

GRIECHISCHE GEWÄNDER
Der *Chiton*, ein kurzer oder langer, meist gegürteter Leibrock mit oder ohne Ärmel, bestand aus zwei rechteckigen Stoffbahnen, die an den Schultern an verschiedenen Stellen (nicht durchgehend) zusammengenäht waren. Der links abgebildete *Chiton* ist aus modernem Wollstoff gefertigt und daher sicher etwas voluminöser als ein *Chiton* im Jahr 500 v. Chr. Der Vorläufer des *Chiton*, der *Peplos*, war ein ärmelloses, an den Schultern mit Nadeln zusammengehaltenes Gewand mit überfallenden Schultern.

Chiton

VERHÜLLT
Griechische Unterwäsche war – wie die übrige Kleidung auch – nicht auf Figur geschnitten. Auf dieser Vasenmalerei trägt die Frau, die sich gerade einen *Chiton* überzieht, einen „BH" aus einem Streifen Stoff.

GRIECHISCHE IMPRESSIONEN
Sir Lawrence Alma-Tadema wählte für seine Bilder oft klassische Themen, wobei er häufig seiner Fantasie freien Lauf ließ und es mit den historischen Gegebenheiten nicht so genau nahm.

GRIECHISCHE FAMILIE
Die Kleidung der Kinder war wahrscheinlich etwas kürzer als die der Erwachsenen, damit man in ihr auch spielen und toben konnte. Im Haus liefen alle barfuß. Außer Haus trug man Ledersandalen mit vielen Riemen.

MÄNNERMODE
Dieser Mann trägt einen gegürteten *Chiton* und darüber einen rechteckigen Oberwurf, das *Himation*. Der *Chiton*, den Männer bei der Arbeit trugen, war sehr kurz, um Bewegungsfreiheit zu gewährleisten. Bei jüngeren Männern war das *Himation* manchmal das einzige Kleidungsstück: Es wurde über eine Schulter gelegt und um die Hüfte geschlungen, wobei der rechte Arm frei blieb. Säume kannten die Griechen nicht. Die Kleidungsstücke wurden in der passenden Länge gewebt.

SONNENSCHUTZ
Als Sonnenschutz trugen Männer und Frauen Hüte. Bei Frauen galt Sonnenbräune als unschön und wenn sie keinen Hut hatten, schützten sie ihren Kopf mit dem *Himation* oder trugen ein auch die Schultern bedeckendes Kopftuch, das *Kredemnon*. Eine weitere beliebte Kopfbedeckung war ein breitkrempiger Reisehut aus Wolle, der *Petasos*, den der abgebildete Jüngling trägt. Auch Fuchspelz und Stroh wurden zur Herstellung von Hüten verwendet. Reisende oder Soldaten trugen wie dieser Jüngling einen viereckigen mantelartigen Überwurf, die *Chlamys*, der an der Schulter von einer Nadel oder Brosche gehalten wurde.

Wettkämpfe

SIEGER
Diese Bronzeplastik eines jugendlichen Jockeys und seines siegreichen Pferdes zeigt, wie schwierig Pferderennen bei den alten Griechen waren: Man ritt ohne Sattel und Steigbügel.

Für die Griechen war Sport zugleich Götterverehrung und Übung für den Kriegsfall. Es gab viele regionale Sportwettkämpfe, aber vier große Sportereignisse lockten Männer aus dem gesamten griechischen Raum an. Das bedeutendste waren die Olympischen Spiele, die zu Ehren des Gottes Zeus alle vier Jahre in Olympia veranstaltet wurden. Erfolg in Olympia brachte Ruhm und Ansehen für die Familie und den Heimatort des Sportlers. Erfolgreiche Athleten wurden als Helden verehrt. Um den Menschen die sichere Anreise nach Olympia zu ermöglichen, unterbrach man sogar Kriege. Ausgrabungen in Olympia förderten herrliche Tempel und Sportstätten zutage. Bis in die Römerzeit fanden dort Spiele statt, die letzten Ende des 4. Jahrhunderts. Auch in Athen gab es Spiele in vierjährigen Abständen. Sie wurden im Rahmen der Großen Panathenäen, eines hohen Festes zu Ehren der Athene, abgehalten. Die sportlichen Regeln waren streng und jeder Verstoß wurde hart bestraft.

RINGKAMPF
In der Mitte des Reliefs sieht man zwei Ringkämpfer in Ausgangsposition, Stirn an Stirn. Ringen, eine der ältesten griechischen Disziplinen, galt als gefährliche Sportart. Während es erlaubt war, dem Gegner ein Bein zu stellen, waren Beißen und Augenausstechen strengstens untersagt!

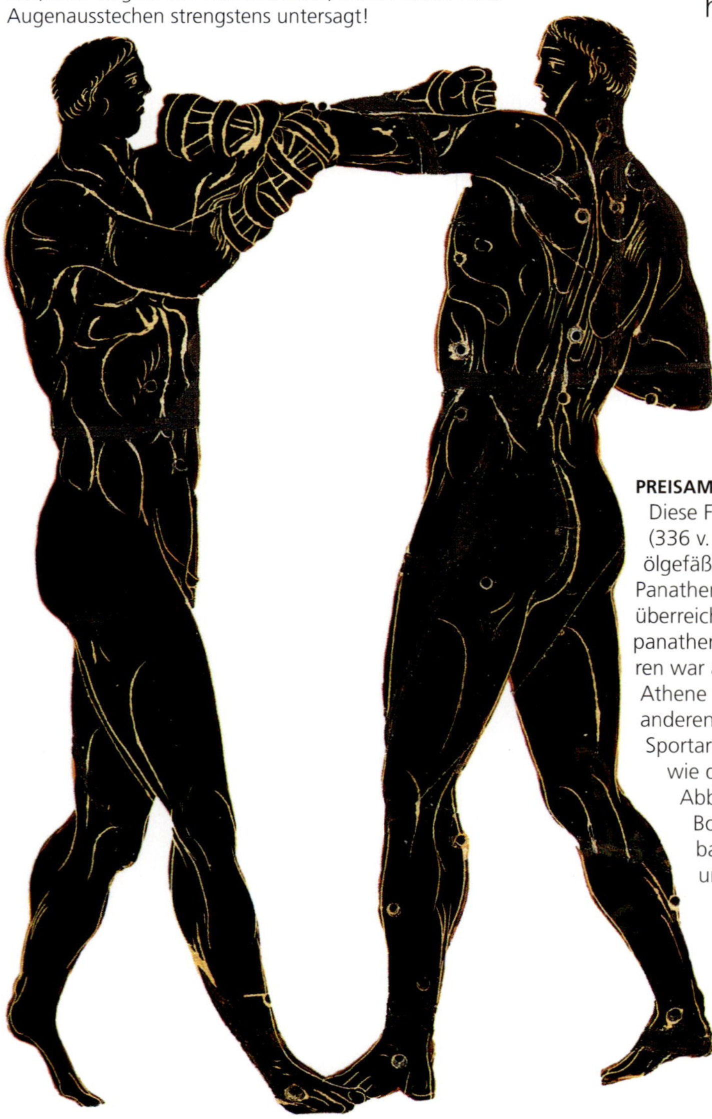

PREISAMPHOREN
Diese Faustkampfszene (336 v. Chr.) ziert ein Olivenölgefäß, das Sportlern bei den Panathenäen als Siegerpokal überreicht wurde. Auf diesen panathenäischen Preisamphoren war auf einer Seite immer Athene abgebildet, auf der anderen die entsprechende Sportart. Damals trug man – wie die Boxer auf der Abbildung – anstelle von Boxhandschuhen Lederbandagen um Hand und Unterarm.

DAS STADION VON DELPHI
Die Arena befand sich hoch oben am Berg, am Rand der Stadt. Die steinernen Startrillen auf der Bahn sowie die in Fels gehauenen Zuschauertribünen sind noch erhalten. Das Stadion von Delphi fasste 7000 Zuschauer.

OLYMPISCHER GEIST
Die Olympischen Spiele haben immer wieder die Fantasie der Künstler angeregt. Auch auf diesem Druck trainieren nackte Athleten vor klassischen Säulen.

WIDMUNG
Die Inschrift auf diesem Bronzediskus aus dem 6. Jh. v. Chr. besagt, dass er einem Sportler namens Exoidas gehörte, der mit ihm einen Sieg errang und ihn dann den Zwillingssöhnen des Zeus, Castor und Pollux, weihte. Pollux war ein ausgezeichneter Diskuswerfer.

FÜNFKAMPF
Hier sind Teilnehmer am Pentathlon dargestellt, der aus Diskuswerfen, Weitsprung, Speerwurf, Laufen und Ringkampf bestand. Der Mann ganz links hält Sprunggewichte (*Halteres*, unten) in den Händen.

DER DISKUSWERFER
Diese berühmte Marmorstatue ist die Kopie einer Bronzearbeit, die der griechische Bildhauer Myron geschaffen haben soll.

OLYMPISCHES FEUER
Ein Teilnehmer der Olympischen Spiele 1988 trägt das Olympische Feuer nach Seoul. Bei den Panathenäen fanden Fackel-Staffelläufe statt. Die Siegermannschaft entfachte ein Feuer auf dem Altar des Zeus oder der Athene.

MODERNE SPIELE
Die olympische Tradition wird noch heute fortgesetzt, wenn alle zwei Jahre im Wechsel Sommer- und Winterspiele ausgetragen werden. Städte in der ganzen Welt kämpfen darum, die Spiele ausrichten zu dürfen. Sie bauen neue Olympiastadien und Anlagen, um dem Zustrom von Wettkämpfern, Medienleuten, Touristen, Handel und ausländischen Währungen Platz zu bieten, der mit dem weltweit einzigartigen Sportereignis einhergeht.

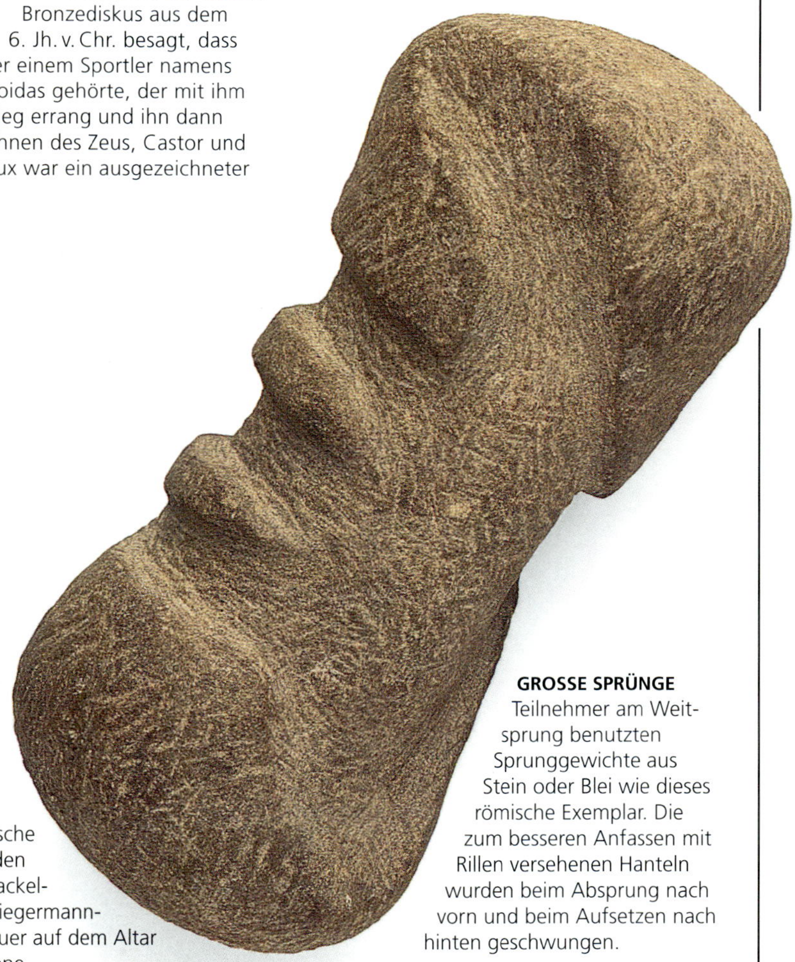

GROSSE SPRÜNGE
Teilnehmer am Weitsprung benutzten Sprunggewichte aus Stein oder Blei wie dieses römische Exemplar. Die zum besseren Anfassen mit Rillen versehenen Hanteln wurden beim Absprung nach vorn und beim Aufsetzen nach hinten geschwungen.

DIE ERSTEN OLYMPISCHEN SPIELE DER MODERNE
1896 fanden in Anknüpfung an die alte griechische Tradition die ersten Olympischen Spiele der Neuzeit statt. Organisiert hat sie der französische Baron Pierre de Coubertin.

Wissenschaft und Kunst

In der Philosophie („Liebe zur Weisheit") versuchten die Griechen das menschliche Dasein und die Beschaffenheit der Welt zu ergründen. Heraklit entwickelte eine Theorie, nach der alles in der Welt einem ständigen Wandel unterworfen ist. Pythagoras stellte aus der Überzeugung heraus, dass dem Aufbau des Universums bestimmte Zahlenverhältnisse zugrunde liegen, seinen Lehrsatz auf, den bis heute jedes Schulkind kennt. Viele Philosophen glaubten an die Wiedergeburt in einem anderen Körper. Manche hielten sogar Bohnen für einen Aufenthaltsort der Seele und lehnten es daher ab, dieses Gemüse zu essen. Es bestand ein enger Zusammenhang zwischen Philosophie, Kunst und Religion. In religiösen Hymnen versuchte man Fragen nach dem Sinn des Lebens und der Herkunft der Götter zu beantworten. Als Opfergaben für ihre Gottheiten, aber auch zum eigenen Gebrauch schufen die Griechen kunstvolle Gegenstände. Musik, Tanz, Bildhauerei, Malerei und Töpferei erlebten im alten Griechenland eine Blüte.

KÖNIGLICHER SCHÜLER
Griechische Philosophen waren oft als Lehrer tätig. Hier unterrichtet der berühmte Aristoteles Alexander den Großen (S. 62–63).

MIT PFIFF
Dieser *Aulos* aus Athen besteht aus Maulbeerfeigenholz und ist Teil einer Doppelpfeife. Im Mundstück der Pfeife befand sich ein Rohrblatt, sodass der *Aulos* ähnlich wie eine Oboe oder Schalmei klang.

VASENMALEREI
Der attische Töpfer Exekias, ein Meister der Vasenmalerei, schuf hochwertige Keramik wie diese Trinkschale, deren Bemalung an eine Dionysos-Sage erinnert: Dionysos war auf einer seiner Reisen von Piraten gefangen worden, die ihn als Sklave verkaufen wollten. Als er einen Weinstock um den Mast ranken ließ, erkannten die Freibeuter, dass sie einen Gott vor sich hatten, sprangen ins Meer und wurden zu Delfinen.

Pythagoras mit einem Kosmos

DER SCHLÜSSEL ZUM UNIVERSUM
Der auf Samos geborene Philosoph Pythagoras (580–500 v. Chr.) gründete in Unteritalien eine religiöse Bruderschaft (Pythagoreer). Für die Pythagoreer waren Zahlen das Wesen aller Dinge und sie glaubten, den Aufbau des Universums mit bestimmten Zahlenkombinationen erklären zu können.

TIERISCHE RESONANZ
Der Panzer der damals häufigen Griechischen Landschildkröte eignete sich gut als Resonanzkörper der Leier. Durch straffere Spannung der Saiten, die mit einem Plektron gezupft wurden, ließ sich die Tonlage verändern.

AUG` IN AUG`

Das Auge war ein magisches Symbol. Es verlieh Gegenständen Macht und Lebendigkeit. Augen an Kriegsschiffen sollten das Schiff den rechten Weg finden lassen. Auf diesem Trinkgefäß aus dem 6. Jh. v. Chr. verbinden sich in harmonischer Weise Gesichtszüge mit Mustern, die man auf vielen Weinbechern findet. Die Linie der Augenbrauen wiederholt sich in einer langen Efeuranke, einer Pflanze, die mit Dionysos in Verbindung gebracht wurde. Die Augen selbst sind mit dem Zirkel gezogen.

Das Trinkgefäß hat keinen Fuß. Es wurde wahrscheinlich von Hand zu Hand herumgereicht.

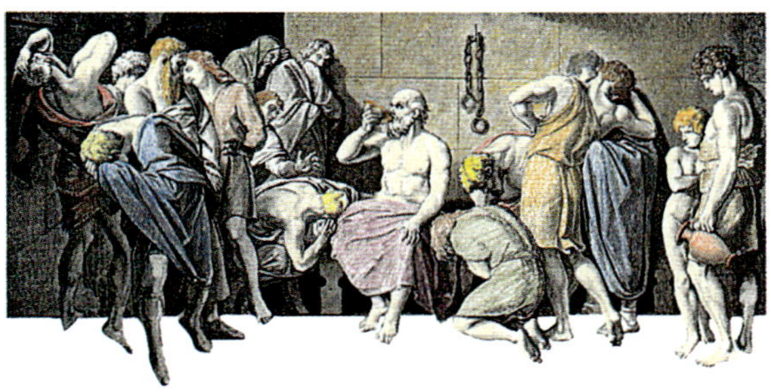

SCHIERLINGSBECHER

Sokrates hatte durch seine Lehren einigen mächtigen Bürgern ihre Beschränktheit vor Augen geführt und sich damit Feinde gemacht. Man klagte ihn als Jugendverführer und Gotteslästerer an und verurteilte ihn dazu, sich mit einem Gifttrank das Leben zu nehmen.

GRÜNDERVÄTER

Seite an Seite zeigt der berühmte italienische Maler und Architekt Raffael (1483–1520) hier Aristoteles (384–322 v. Chr.) und Platon (427–347 v. Chr.), jeweils mit ihrem Hauptwerk in der Hand. Das Bild entstand zu Beginn des 16. Jh. als Mittelpunkt eines Freskos in einem Saal im Vatikan.

MÜNDLICH ÜBERLIEFERT

Obwohl Sokrates (469–399 v. Chr.) einer der bekanntesten griechischen Philosophen ist, gibt es keine von ihm selbst verfassten Schriften. Durch eindringliches Fragen wollte er vermeintlich sicheres Wissen von Grund auf infrage stellen und so zum „Wissen des Nichtwissens" führen. Diese Marmorfigur zeigt Sokrates mit nackter Brust. Philosophen wurden oft so dargestellt.

PLATON MIT SCHÜLERN

Die großen Philosophen zogen scharenweise Schüler an. Ihre Lehrmethode war oft die Gruppendiskussion. Platon gründete in seiner Heimatstadt Athen in einem schönen Garten eine Schule, die man Akademie nannte. Er schrieb auch Theorien des Sokrates in Dialogform, als Diskussion zwischen Lehrer und Schüler, nieder.

Keramische Kunst

Schwarz-figurige Amphore

Die besten griechischen Töpferwaren kamen aus Athen. Dort baute man sehr guten Ton ab, der beim Brennen einen besonders schönen rötlichen Braunton ergab. Das Stadtviertel der Töpfer in Athen hieß Kerameikos. Töpfer formten dort auf Drehscheiben in Handarbeit Vasen für den Inlandbedarf und für den Export. In der Vasenmalerei unterscheidet man verschiedene Stilrichtungen. Zwischen 1000 und etwa 720 v. Chr. waren geometrische Muster beliebt, dann wurde der geometrische vom orientalisierenden Stil abgelöst. Die schwarzfigurige Technik, in der die Figuren als schwarze Silhouetten auf dem rötlichen Tonhintergrund erschienen, war von Beginn bis Mitte des 6. Jahrhunderts die beliebteste Art der Vasendekoration. Innenzeichnungen wurden mit einem Bein- oder Metallwerkzeug eingeritzt. Um 530 v. Chr. kam die rotfigurige Technik auf. Die Figuren wurden im rotbraunen Ton belassen, der Hintergrund mit schwarzem Glanzton gedeckt. Viele Gefäße sind noch heute in hervorragendem Zustand erhalten.

FUSSLOS
Trinkgefäße in Form von Tierköpfen wie dieser Greifen-*Rhyton* waren sehr beliebt. Da man den Becher schlecht hinstellen konnte, ohne den Wein zu verschütten, ist anzunehmen, dass er herumgereicht wurde, bis er leer war.

Das Rot entstand durch Beimischung von rotem Eisenoxid zum schwarzen Malschlick.

WELCH EIN EBER!
Diese schwarzfigurige Vasenmalerei stellt eine der sieben Arbeiten des Herakles (S. 22–23) dar. Herakles bringt König Eurysteus, der sich in ein Vorratsgefäß verkrochen hat, den Erymanthischen Eber.

Dreiblattverzierung

DER ERSTE SCHLUCK
Solche kleinen Choen-Kännchen wurden bei den Anthesterien mit Wein gefüllt Knaben überreicht. Das rotfigurige Motiv zeigt zwei Schüler, von denen einer in einer Papyrusrolle liest und der andere eine Leier hält.

SAMMLEROBJEKT
Diese Karikatur vom Anfang des 19. Jh. zeigt den fanatischen Kunstsammler William Hamilton (S. 42–43) als Wassertopf (*Hydria*).

VASENGRAB
Auf diesem Stich überwacht William Hamilton die Öffnung eines Grabes in Italien. Das Skelett ist umgeben von Vasen aus Athen.

VASENFORMEN
Je nach Verwendungsart waren die Gefäße unterschiedlich geformt.

Vorrats- und Transportbehälter

Gefäße zum Mischen von Wein und Wasser

Schankkrüge für Wein

Trinkgefäße

Salb- und Kosmetikgefäße

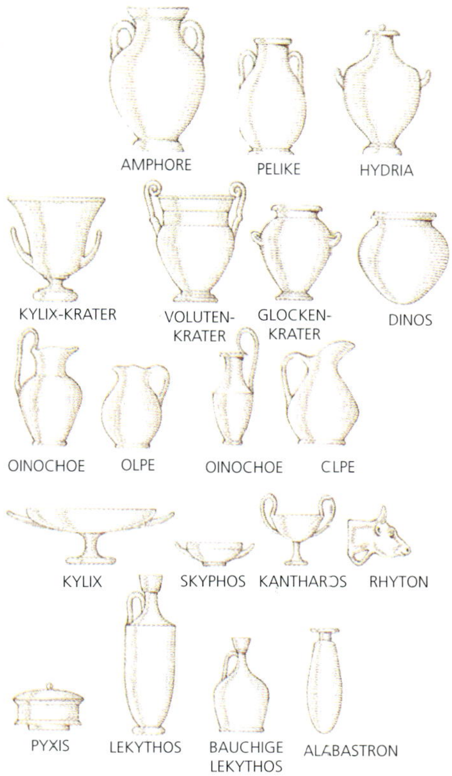

Wasserkrug

Ein Löwe reißt einen Hirsch.

Grasendes Pferd: Silhouettenzeichnung mit Ritzornamenten

GREIF
Dieser ungewöhnliche Krug mit Gießer in Form eines Greifenkopfes entstand im 7. Jh. v. Chr. auf einer griechischen Insel. Er ist mit fernöstlich anmutenden Motiven bemalt.

SPHINX
Das Gefäß in Form einer Sphinx war nicht nur eine hübsche Tischdekoration, sondern auch nützlich. Man goss oben Wein ein, der durch ein Loch im Boden in einen kleineren Behälter darunter floss. So kam Luft an den Wein und machte ihn schmackhafter.

WOHLGERUCH AUS KORINTH
Dieser *Aryballos* stammt aus Korinth. Dort stellte man ungewöhnliche Parfümbehälter her, die im gesamten Mittelmeerraum verkauft wurden. Um ein Verfliegen des Parfüms zu verhindern, wurde das Fläschchen mit einem Wachsstöpsel verschlossen.

Innenverzierung

BEIDHÄNDIG!
Diese Trinkschale (*Kylix*), im 5. Jh. v. Chr. in rotfiguriger Technik gestaltet, hielt man beim Trinken an beiden Henkeln. Wenn die Schale an einem Henkel an der Wand aufgehängt wurde, konnte man ihre Außenverzierung bewundern.

UNVERÄNDERT
Auch heute noch kann man gute Kopien alter Vasen kaufen. Die alten Techniken finden nach wie vor Anwendung. Hier bemalt ein Töpfer eine Vase in Handarbeit.

Landwirtschaft und Fischerei

ZEITLOS
Wie in alten Zeiten ist dieser Hirte mit seinen Schafen auf dem Weg zum Stall.

Das Leben auf einem griechischen Bauernhof war hart, da der Boden in weiten Teilen des Landes nicht sehr fruchtbar ist. Die Bauern pflügten im Frühjahr und im Herbst. Die von Ochsen gezogenen Pflüge bestanden aus Holz, manche hatten eine eiserne Pflugschar. Das Saatgut, z. B. Gerste, wurde mit der Hand ausgesät. Die Bauern beteten zu Zeus und Demeter für eine gute Ernte. An den Berghängen wuchs Wein. Weintrauben wurden frisch gegessen, zu Rosinen luftgetrocknet oder man kelterte Wein aus ihnen, das Lieblingsgetränk der Griechen. Da die meisten Orte in Küstennähe lagen, war der Fischfang (mit Angeln) von Bedeutung. Reichere Griechen jagten Rotwild, Wildschweine und Hasen. Bei ärmeren Leuten gab es nur zu festlichen Anlässen Fleisch. Dann wurde das Fleisch der Tieropfer für die Götter an die anwesenden Menschen verteilt.

GUTE BEDIENUNG
Wohlhabende Griechen speisten auf einem Sofa liegend, dabei wurden sie von Sklaven bedient. Bei dieser Bronzefigur eines Speisenden soll es sich um eine Arbeit aus Dodona im Nordwesten Griechenlands handeln.

FÜR FISCH
Auf diesem mit Fischmotiven bemalten Teller wurde wahrscheinlich Fisch serviert. In den Hohlraum in der Mitte füllte man eine dickliche Soße, in die man den Fisch tunkte.

Jäger mit Jagdhund und Beute (Vasenmalerei)

Fischer mit seinem Fang (kretisches Fresko)

JAGEN UND FISCHEN
Das Fresko eines Fischers aus der Bronzezeit stammt von der Insel Santorin unweit von Kreta. Der Jäger (eine Vasenmalerei) hat einen Fuchs und einen Hasen erlegt. Füchse wurden wegen ihres Fells gejagt, ihr Fleisch aß man nicht. Zu den Waffen der Jäger zählten Speere, Netze, Fußschlingen, Wurfspieße und manchmal Pfeil und Bogen.

LASTTIERE
Aufgrund ihrer Ausdauer und Trittsicherheit waren Esel für den Warentransport in unwegsamem Gelände geeignet. Abgebildet sind Spielzeugeselchen aus Ton.

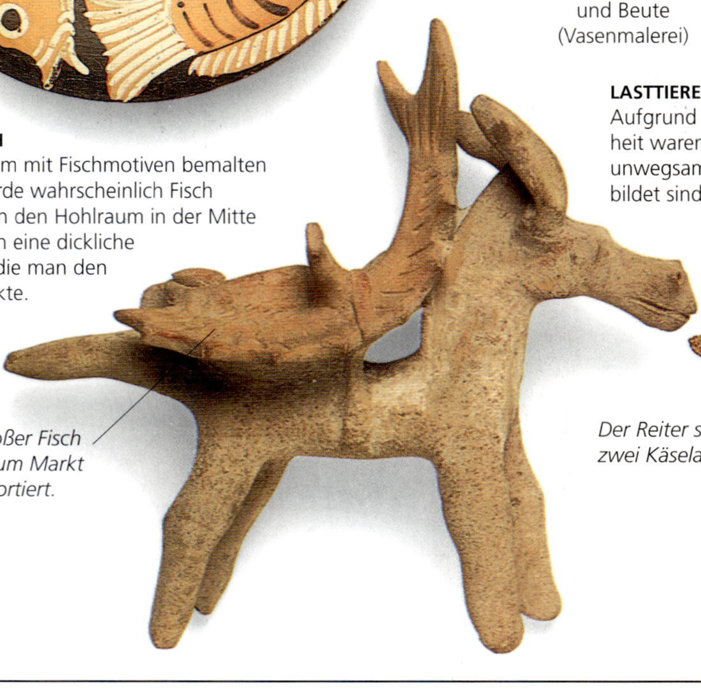

Ein großer Fisch wird zum Markt transportiert.

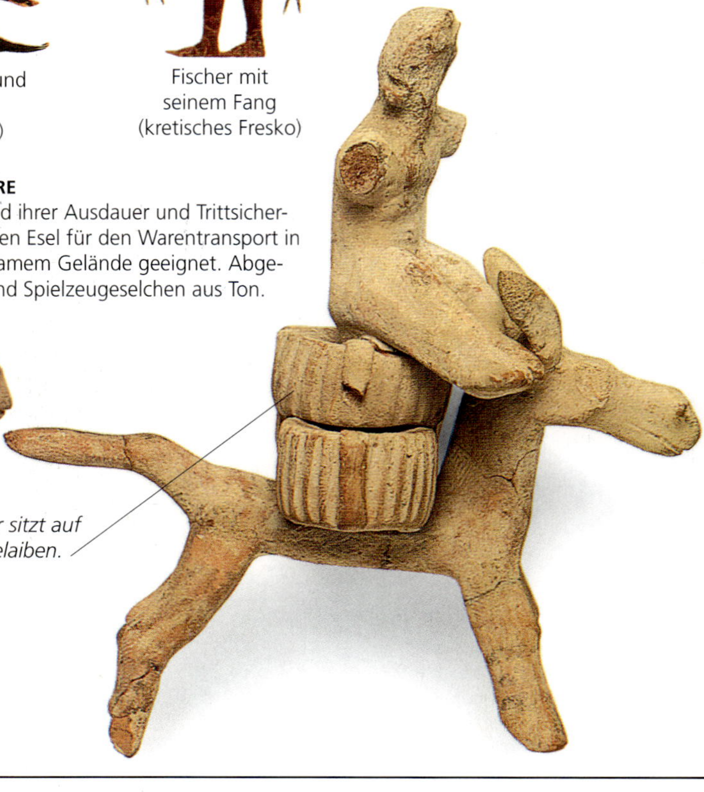

Der Reiter sitzt auf zwei Käselaiben.

Entenkopfverzierung

GUT GEFILTERT
Der Wein, den die Griechen zu allen Tageszeiten tranken, war ziemlich dickflüssig. Deshalb verdünnte man ihn meist mit Wasser. Zuvor filterte man Rückstände und Weinstein heraus. Dazu benutzte man Weinfilter wie dieses Exemplar aus Bronze.

IN ÖL SCHWIMMEND
Dieser kleine, auf den Wellen reitende Delfin ist ein Ölbehälter, aus dem man Öl zum Anmachen der Speisen goss. Delfine gab es in griechischen Gewässern in großer Zahl.

ATTISCHES ÖL
Die Olivenhaine Attikas, der Landschaft um Athen, waren berühmt. Olivenöl benutzte man zum Kochen, Waschen und als Lampenöl.

OLIVENERNTE
Ölbäume sind in Griechenland seit alters verbreitet. Auf dieser Vase sind Männer bei der Olivenernte abgebildet. Einer pflückt direkt im Baum, zwei schlagen die Oliven mit Stöcken herunter und ein vierter sammelt die herabgefallenen Früchte in einen Korb.

Versteinerte Schnecke auf einem Ei

URALT
Diese über 2000 Jahre alten Hühnereier in einer Terrakotta-Schüssel fand man in einem Grab auf Rhodos. Eier waren ein wesentlicher Bestandteil der Ernährung und viele Familien hielten Hühner. Als Grabbeigaben waren echte Eier oder Nachbildungen aus Stein oder Ton üblich. Sie waren offenbar Symbole für das Leben nach dem Tod.

Im Sieb sammelte sich der Bodensatz.

NÜTZLICHE ZIEGEN
Ziegen benötigen nur karges Weideland, liefern aber Milch, Käse und warme Kleidung. Diese kleine Bronzeziege stammt aus dem Jahr 500 v. Chr.

Handel und Handwerk

FLICKARBEIT
Wie in früheren Zeiten leben auch heute viele Griechen von der Fischerei. Das Bild zeigt einen Fischer auf Mykonos beim Netzeflicken.

In den Städten Griechenlands florierte das Handwerk. Steinmetze, Schmiede, Juweliere, Schuhmacher und andere Handwerker hatten ihre Werkstätten meist im Stadtzentrum rund um den Marktplatz, die *Agora*. Menschen kamen dorthin, um die Erzeugnisse der Handwerker zu kaufen, Bauern verkauften Gemüse, Obst und Käse. Auf einem griechischen Markt gab es außerdem Eichbeamte, Geldwechsler, Akrobaten und Tänzer. Auch Sklaven wurden zum Verkauf angeboten. Zwischen den Stadtstaaten und den griechischen Kolonien sowie anderen Mittelmeerländern gab es einen regen Handel. Öl, Wein, Keramik und Metallwaren waren die Hauptexportgüter. Sie wurden bevorzugt zu Wasser transportiert, da man so die hohen Berge umging. Der Normalbürger machte keine weiten Reisen, denn gute Straßen waren äußerst rar und außer Eseln gab es kein zuverlässiges Transportmittel für kürzere Strecken.

TEMPELSCHATZ
Diesen Tonkrug mit Münzen fand man im Fundament des Artemistempels in Ephesus. Die Münzen aus Elektron, einer Gold-Silber-Legierung, stammen wahrscheinlich aus der Zeit um 650–625 v. Chr. Kurz vorher war in Lydien das Münzwesen eingeführt worden.

NACH AFRIKA
Dieses Gefäß hat die Form eines Afrikanerkopfes und belegt die weitreichenden Handelskontakte der Griechen. Wagemutige Seefahrer waren die Griechen allerdings nicht, sie blieben lieber in Küstennähe.

Der Knabe Herakles erwürgt die von Hera gesandten Schlangen.

DREI MÜNZEN
Das Münzrecht war ein Zeichen der Unabhängigkeit. Jeder Stadtstaat hatte seine eigene Prägestätte, die oft sehr schöne Münzen mit mythischen Motiven herstellte. Die ältesten Münzen waren aus Elektron, einer Gold-Silber-Legierung, spätere aus reinem Silber und gelegentlich aus Gold.

Darstellung des persischen Königs Kyros

Schildkrötenmotiv von der Insel Ägina

SCHWER BEPACKT
Esel konnten damals wie heute enge Bergpfade passieren und schwere Lasten tragen.

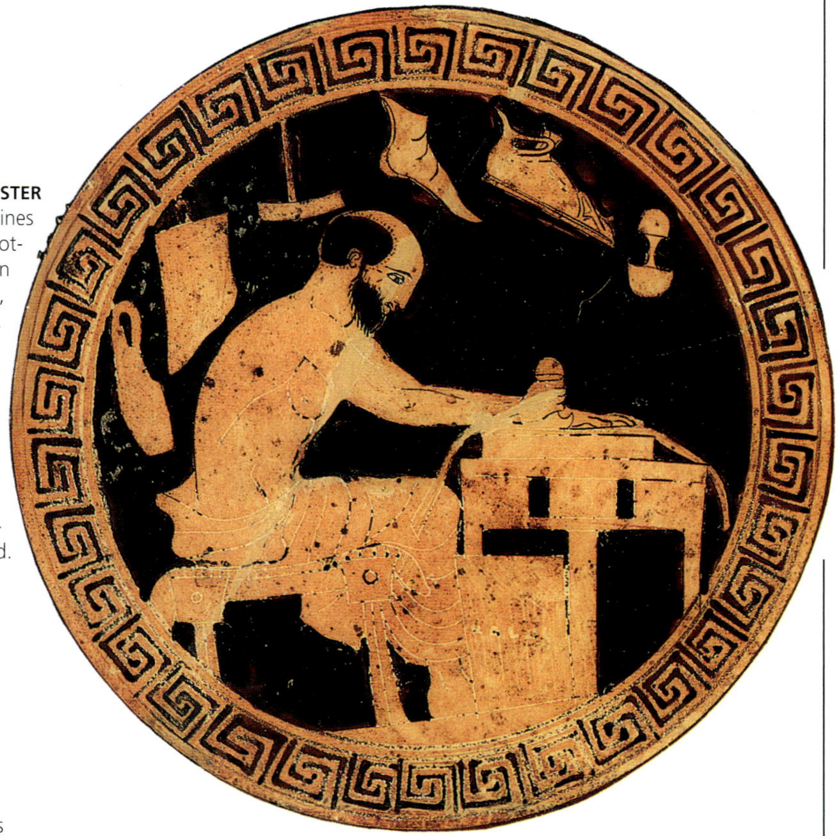

SCHUSTER
Auf dem Boden eines Trinkgefäßes ist in rotfiguriger Technik ein Schuster abgebildet, der erst sichtbar wird, wenn das Gefäß leergetrunken ist. Der bärtige Mann hat Lederstreifen vor sich, die er schneidet und formt. Über ihm hängen Stiefel, Sandalen und Werkzeuge an der Wand.

AM WEBSTUHL
Auf Webstühlen wie diesem webten die Frauen im alten Griechenland Wollstoffe für Kleidung und Dekoration. Weben galt als Arbeit, die auch vornehmer Frauen würdig war.

IN DER SCHMIEDE
Ein Schmied bei der Arbeit: Seine Esse ist aus Ziegeln gemauert und wird mit Holzkohle befeuert. Mit einem Blasebalg wird das Feuer im Ofen immer wieder neu entfacht. Hier holt der Schmied den weichen Metallklumpen mit einer Zange aus dem Schmelzofen, um ihn anschließend in Form zu hämmern.

TÖPFERKUNST
Auf diesem Weinpokal ist ein Töpfer an der Töpferscheibe abgebildet, deren Geschwindigkeit er mit dem Knie reguliert. Über ihm auf einem Brett sieht man einige seiner Arbeiten und vor ihm (jetzt leicht beschädigt) sitzt ein Hund, der seinem Herrn bei der Arbeit zusieht.

HOCHSEEFISCHEREI
In tieferen Gewässern gab es viele verschiedene Fische. Mit Holzbooten stachen die Fischer in See. Aale und Salzfisch galten als Delikatesse.

SCHILD
So hielt der Soldat seinen Schild: Den Arm schob er durch einen Eisenriegel und mit der Hand hielt er einen Lederriemen am Schildrand umfasst.

Krieg

Krieg war bei den Griechen nichts Außergewöhnliches, die Stadtstaaten bekämpften sich häufig. Freie Männer mussten Kriegsdienst leisten und für ihre Rüstung und Waffen selbst aufkommen. In Athen bereiteten sich die jungen Männer im Alter von 18–20 Jahren auf den Kriegsdienst vor, erst danach wurden sie einberufen. In Sparta begann die militärische Ausbildung sehr viel früher (S. 56–57). Die athenischen Soldaten wurden von zehn „Strategen" (*Strategoi*) befehligt (S. 18). Das Rückgrat der griechischen Armee bildete die Infanterie, die in dichter Formation (Phalanx) kämpfte. Ärmere Soldaten dienten in den Hilfstruppen als Bogenschützen oder Steinschleuderer. Beim Erstürmen von Städten setzten die hellenistischen Truppen Wurfmaschinen und Sturmböcke, glühende Kohlen und Schwefel ein. Athen hatte eine ansehnliche Kriegsflotte. Auf dem Höhepunkt seiner Macht verfügte es über etwa 300 Triremen (Galeeren mit drei Ruderdecks).

DIE SCHLACHT VON SALAMIS
Die berühmte Seeschlacht bei Salamis (480 v. Chr.) führte das Ende der Perserkriege (S. 18–19) herbei. Sie war ein triumphaler Sieg der Griechen über die persische Flotte. Danach zog sich der persische König Xerxes mit großen Teilen seiner Armee nach Asien zurück und beendete damit die Invasion Griechenlands.

WIE DER WIND
Wie diese Bronzepferde schmückten häufig Tiere als Symbol für Schnelligkeit die Streitwagen.

HELDENHAFTE BLÖSSE
Diese Vasenmalerei zeigt einen Soldaten, der Brustharnisch, Schild und Speer in seinen Händen hält. Nacktheit steht in der griechischen Kunst für Heldenmut.

HOPLIT
Nach dem griechischen Wort *hoplon* für „Schild" wurden die Fußsoldaten Hopliten genannt. Da die Ausrüstung teuer war, stammten die Hopliten immer aus wohlhabenden Familien.

MANN GEGEN MANN
Auf diesem Vasenbild trennt ein Herold zwei griechische Kämpfer.

HELME
Helme schützten den Kopf vor Schlägen und Stößen. Manche hatten Helmbüsche aus Pferdehaar, die den Träger des Helms imposanter und furchterregender aussehen ließen.

Attischer Helm (ohne Nasenschutz)

Korinthischer Helm (langes Nasenstück und Wangenschutz)

BRUSTHARNISCH
Der Brustpanzer bestand meist aus Bronze. Er war der wichtigste Bestandteil der Rüstung, da er die meisten lebenswichtigen Organe schützte. Harnische waren maßgefertigt; besonders gute waren der Körperform nachempfunden. Ein Brustpanzer bestand aus zwei Teilen, die an den Seiten durch Lederriemen zusammengehalten wurden. Die Seitenpartie war deshalb auch der verwundbarste Teil des Körpers.

Der Panzer ist den Konturen des Körpers angepasst.

BEINSCHIENEN
Zum Schutz der Unterschenkel trugen die Hopliten bronzene Schienen. Die unten abgebildeten Beinschienen stammen wahrscheinlich von einer Heldenstatue aus Süditalien.

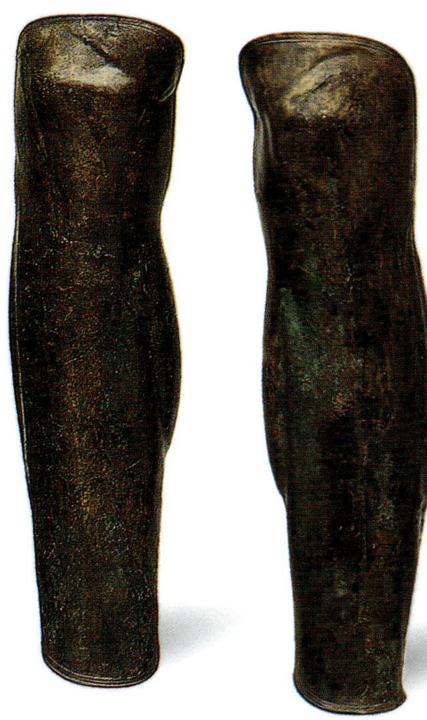

KRIEGSSCHIFF
Der schnellste griechische Schiffstyp war die Trireme (Dreiruderer). Sie wurde von 170 Mann gerudert, die auf beiden Seiten des Schiffs in drei Decks übereinander saßen. Am oft mit einem Auge bemalten Bug (S. 46–47) befand sich ein metallverstärkter Rammsporn zum Versenken feindlicher Schiffe. Die Abbildung zeigt zwei Segel, doch wahrscheinlich hatten die Triremen nur ein großes Leinensegel, das im Kampf eingeholt wurde.

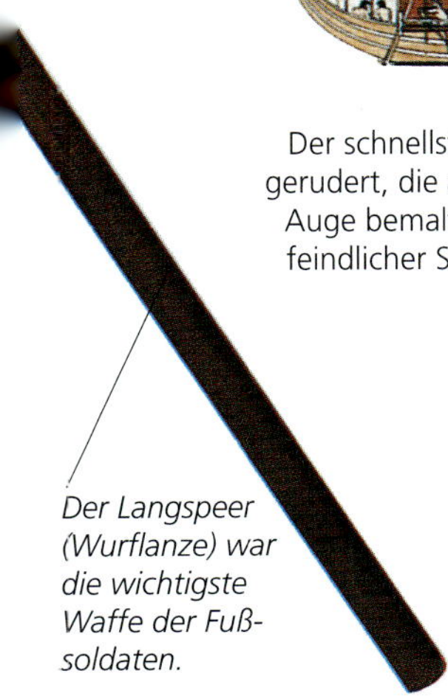

Der Langspeer (Wurflanze) war die wichtigste Waffe der Fußsoldaten.

KAMPF DER BESTEN
Diese rotfigurige Vasenmalerei zeigt den Kampf zwischen Achilles und Hektor, zwei Helden des Trojanischen Krieges (S. 12–13). Aus einer Wunde an Hektors Oberschenkel fließt Blut. Beide tragen Helme mit Büschen. Die Waffen entsprechen denen der Fußsoldaten im 5. Jh. v. Chr.

Sparta

Sparta wurde zwischen 950 und 800 v. Chr. von nach Lakonien einwandernden Doriern gegründet, die die achäische Urbevölkerung unterwarfen und zu Leibeigenen (Heloten) machten. Zwei Jahrhunderte später eroberte Sparta das fruchtbare Nachbarland Messenien und versklavte auch dessen Bevölkerung. Neben der Herrenschicht der Spartiaten und den unterdrückten Heloten, die deren Felder bestellen mussten, entstand im Zuge der Ausweitung Spartas eine dritte Bevölkerungsschicht, die Perioken. Sie waren besiegte dorische Stammesverwandte, die nicht als Vollbürger galten, aber ihr Land behalten, Handel treiben und Kriegsdienst leisten durften. Die berühmte „spartanische Lebensweise" entwickelte sich, als die Spartaner einen lang andauernden Aufstand der Heloten niederschlugen. Machterhalt war oberstes Ziel und alle Spartaner mussten Militärdienst leisten. Mit sieben Jahren verließen die Knaben ihre Familien und die militärische Ausbildung begann. Erst mit 60 endete der Militärdienst. Durch diese Disziplin wurde Sparta zu einer militärischen „Supermacht" in Griechenland und bedrohlichster Rivale Athens.

HAFENSPERRE
Piräus, der Hafen Athens, liegt 6 km südwestlich der Stadt. Dieser Stich zeigt die Belagerung durch spartanische Schiffe (388 v. Chr.).

SPARTANISCHER SOLDAT
Herodot schrieb, dass spartanische Soldaten (wie dieser aus dem 5. Jh. v. Chr.) sich jedes Mal ihr langes Haar kämmten, bevor sie in einer Schlacht ihr Leben riskierten. Das Scharlachrot der Soldatenumhänge wurde zum Symbol des spartanischen Stolzes.

NATÜRLICHE BARRIEREN
Dieser Stich (Deutschland, 19. Jh.) zeigt Sparta im fruchtbaren Eurotastal auf dem südlichen Peloponnes. Die Abgeschiedenheit des Stadtstaates im Schutz hoher Gebirge im Osten, Norden und Westen sowie der See im Süden waren ein Vorteil für die kriegerischen Spartiaten.

JUNGE SPARTANERINNEN FORDERN KNABEN ZUM KAMPF HERAUS
Dieses Gemälde (1860) des französischen Impressionisten Edgar Degas (1834–1917) zeigt junge Spartaner im Eurotastal bei sportlicher Ertüchtigung. Künstler des 19. Jh. wählten Sparta gern als Thema ihrer Arbeit.

SPARTANISCHE SITTEN
Das harte Erziehungssystem der Spartaner mit besonderer Betonung der körperlichen Ertüchtigung fand im 19. Jh. viele Nachahmer. Wie bei den Spartanern wurde körperliche Züchtigung als gutes Mittel zur Charakterbildung bei Schuljungen angesehen. Der englische Karikaturist George Cruikshank (1792–1878) scheint anders darüber zu denken.

Artemis

OPFERGABEN
Am Heiligtum der Artemis Orthia am Fluss Eurotas in Sparta fand man Hunderttausende von Figurinen. Neben Hirschen, Hunden, Pferden und anderen Tieren waren auch die Göttinnen Artemis und Athene dargestellt. Die Statuetten wurden im Heiligtum hergestellt und an Besucher verkauft, die die Figürchen oft als Opfer für die Götter zurückließen. An diesem Heiligtum mussten die spartanischen Jungen einmal jährlich ihre Härte und Ausdauer zeigen. Sie wurden ausgepeitscht und durften dabei keine Miene verziehen.

Krieger

Artemis

Figur mit Doppel*auloi* (S. 46)

Hirsch

AN DER SPITZE
Dieses Mädchen nimmt an einem Wettlauf teil. Sie blickt sich um, um zu sehen, wie groß ihr Vorsprung ist. Ihr kurzer Rock wäre für griechische Mädchen aus anderen Städten undenkbar gewesen. Die spartanischen Mädchen wurden zwar nicht für den Kriegsdienst ausgebildet, aber sie trainierten ihren Körper durch Sport an der frischen Luft. Das sollte sie kräftig und zu Müttern gesunder Knaben machen, die zu guten Soldaten heranwachsen würden.

ASKLEPIADES
Asklepiades war ein berühmter griechischer Arzt (1. Jh. v. Chr.) und Medizintheoretiker. Er war bei den Patienten sehr beliebt, weil er Wein als Stärkungsmittel empfahl und freundlich mit den Kranken umging.

Naturwissenschaft und Medizin

Die alten Griechen beschäftigten sich eingehend mit naturwissenschaftlichen Fragestellungen. Sie griffen Erkenntnisse ägyptischer und babylonischer Gelehrter auf und verstanden es, eine theoretische Basis für angewandte Wissenschaften wie Biologie, Mathematik, Astronomie und Geografie zu schaffen. Bereits im 3. Jahrhundert v. Chr. erkannte der Astronom Aristarchos, dass die Erde sich um die Sonne dreht. Anaxagoras (500–428 v. Chr.) entdeckte, dass der Mond Sonnenlicht reflektiert. In hellenistischer Zeit war die griechische Naturwissenschaft auf ihrem Höhepunkt (S. 62–63). Ein wichtiges Gebiet war die Medizin. Die Griechen glaubten, dass Krankheit eine Strafe der Götter sei und deren Anbetung zur Heilung führe. Heiligtümer des Asklepios, des Gottes der Heilkunst, gab es in ganz Griechenland, das berühmteste in Epidauros. Viele Kranke verbrachten dort die Nacht im Tempel. Sie glaubten, dass Asklepios ihnen im Traum erscheine und Behandlungen verordne. Am nächsten Tag führte ein Priester die Behandlungen durch und viele reisten gesund nach Hause. Die Griechen entwickelten Behandlungsmethoden für die verschiedensten Krankheiten. Ein bis heute bekannter Mediziner ist Hippokrates (460–377 v. Chr.), der die genaue Beobachtung des menschlichen Körpers und theoretische Erkenntnisse zur Grundlage jeder Diagnose machte.

Mechanismus von Antikythera

Der innere Aufbau der Apparatur war ursprünglich frontal mit einer Messingplatte abgeschlossen, die auf einer Scheibe die Position der Himmelskörper anzeigte.

Die verschiedenen Teile des Mechanismus sind stark verrostet und einige hängen aneinander fest.

DER MECHANISMUS VON ANTIKYTHERA
Dieser Apparat wurde in dem Wrack eines Schiffs gefunden, das 82 v. Chr. vor der griechischen Insel Antikythera gesunken war. Der Mechanismus in der Größe einer Schuhschachtel ist aus Bronze, 33 cm hoch und war ursprünglich wohl von einem Holzgehäuse umgeben. Die Komplexität dieses uhrwerkartigen Apparats, der mehr als 30 Zahnräder beinhaltete, hat die Wissenschaftler in Erstaunen versetzt. Röntgenanalysen der stark verrosteten Teile haben gezeigt, dass der Antikythera-Mechanismus vermutlich eine frühe Form des „Computers" war. Wenn das Datum eingegeben wurde, konnte man den jährlichen Verlauf von Sonne, Mond und Planeten ablesen. Wahrscheinlich wurde es zur Navigation benutzt oder zu astrologischen und astronomischen Berechnungen.

DIE RECHNUNG GEHT AUF
Auf diesem Stich aus der *Margarita Philosophica* (1496) sieht man den römischen Philosophen Boethius (480–524 n. Chr.) bei mathematischen Berechnungen und den griechischen Mathematiker Pythagoras (S. 46–47) mit einem Abakus.

ASKLEPIOS-KULT
Dieser Stich zeigt Menschen vor einer Statue des Asklepios. Der Gott sitzt auf einem Thron, in der Hand einen Stab, um den sich eine Schlange windet. Lebende Schlangen (wie die am Sockel der Säule) wurden als heilige Tiere in allen Asklepiostempeln gehalten.

BESUCH IM TEMPEL
Auf diesem Gemälde von William Waterhouse (1849–1917) hat eine Mutter ihr Kind in das Asklepios-Heiligtum gebracht. Die Priester stehen wartend dabei, um die Wünsche des Gottes zu deuten.

DANK
Dankbare Patienten brachten oft eine Nachbildung des erkrankten Körperteils zum Altar des Heilgottes Asklepios. Dieses Marmorrelief eines Beins trägt eine gemeißelte Inschrift.

HIPPOKRATES
Der berühmte Arzt Hippokrates stammte von der Insel Kos. Ihm werden 53 medizinische Bücher, heute bekannt als *Corpus Hippocraticum*, zugeschrieben. Hippokrates lehrte, dass ein Verständnis von Teilen des menschlichen Körpers ohne das Verständnis des ganzen Körpers nicht möglich sei. Der hippokratische Eid, der die Grundlage medizinischer Ethik bildet, hat bis heute Gültigkeit.

MODERNE WEIHGABEN
In einigen Ländern findet man auch heute noch in den Kirchen Nachbildungen geheilter Körperteile als Dankgabe. Diese Votive stammen aus dem modernen Athen.

VOTIVE
Auch diese modernen Silberplättchen sind Dankgaben für Genesungen. Die Tierabbildungen zeigen, dass die Geber auch an die Heilung von Tieren durch Opfergaben glauben.

Tod und Jenseits

KÖNIG DER UNTERWELT
Zeus regierte Himmel und Erde, Poseidon das Meer. Der Dritte im Bunde war Hades, König der Unterwelt, auch Pluto genannt. Sein Name wurde schließlich gleichbedeutend mit „Unterwelt" gebraucht.

Im Altertum starben die Menschen meist recht früh, denn das Leben war hart. Junge Männer fielen im Krieg und junge Frauen starben bei der Geburt eines Kindes. Vom Leben nach dem Tod gab es unterschiedliche Vorstellungen. Am weitesten verbreitet war der Glaube an ein Totenreich in der Tiefe der Erde. Deshalb wurden die Toten meist begraben. Es gab aber auch Totenverbrennungen auf Scheiterhaufen. Die Seele wurde manchmal als winzige geflügelte Person dargestellt und manche glaubten, dass sie den Körper verlasse, sich zum Himmel aufschwinge und als Stern darauf warte, in einem neuen Körper wiedergeboren zu werden. Der Gott Dionysos, der wie die ihm heiligen Rebstöcke starb und jedes Jahr wiedergeboren wurde, gab den Menschen Hoffnung auf ein neues Leben, ebenso die Erntegöttin Demeter. Sie forderte in den Frühjahrs- und Sommermonaten ihre von Hades in die Unterwelt entführte Tochter Persephone zurück. Grabstätten wurden mit Bildern von Festen geschmückt und man legte den Verstorbenen lieb gewonnene Gegenstände und Nahrungsmittel mit ins Grab, um ihnen das Leben im Jenseits angenehm zu machen.

DER TAUCHER
Dieser Taucher auf der Innenseite des Deckels eines Steinsargs in Paestum (um 460 v. Chr.) ist nahezu das einzige Beispiel für frühklassische Freskomalerei. Vielleicht soll das Bild den Sprung des Toten in das Unbekannte darstellen.

ABSCHIEDSGABE
Übliche Grabbeigaben waren schmale Flaschen (Lekythen), die Salböl enthielten und mit Abschiedsszenen bemalt waren. Dieser tote Soldat, vielleicht Opfer eines der zahlreichen Kriege im 5. Jh. v. Chr., bekommt von einer Frau seinen Helm gereicht. Die Gans, der Vogel der Liebesgöttin (S. 20–21), weist auf eine Liebesbeziehung zwischen den beiden hin.

GELD FÜR DEN FÄHRMANN
Der grimmige Fährmann Charon brachte die Toten über das schwarze Wasser des Flusses Styx zum Hades. John Stanhope stellt auf diesem Gemälde die Unterwelt als düsteren Ort mit raschelndem Schilf und dürren Bäumen dar, zwischen denen sich die Seelen der Toten ihren Weg zum Fluss bahnen. Die Fahrt ohne Wiederkehr in Charons Nachen kostete einen Obolos. Die Angehörigen legten deshalb den Toten eine Münze in den Mund.

EINGANG ZUR UNTERWELT
Als Eingang zum Hades, der vom dreiköpfigen Hund Zerberos bewacht wurde, galten im Altertum verschiedene Furcht einflößende Orte. Einer davon war der Krater des Solfatara in Süditalien mit seinem dampfenden Schwefelsee.

LIEBER TOD ALS SCHANDE
Ajax, nach Achilles der tapferste Held Griechenlands, erhob nach Achills Tod im Trojanischen Krieg Anspruch auf dessen Waffen. Sie wurden ihm verwehrt. Um nicht mit dieser Schmach leben zu müssen, stürzte er sich in sein Schwert, was auf dieser Vasenmalerei dargestellt wird. Sophokles hat darüber ein Theaterstück geschrieben (S. 38–39).

GRABSTELE
Zu manchen Zeiten stellte man in Athen solche marmornen Grabsteine auf, die ursprünglich bunt bemalt waren. Über dem in den Stein gemeißelten Toten auf einem elegant geschwungenen Stuhl steht sein Name, Xanthippos. Darüber ist das Dach eines Tempels angedeutet. Neben dem Toten sind in etwas kleinerem Maßstab seine Kinder abgebildet. Welche Bedeutung der Fuß in der Hand des Toten hat, ist nicht bekannt – vielleicht war er Schuhmacher.

TRAUERPROZESSION
Eine griechische Beerdigung war ein dramatisches Ereignis. Die Leiche wurde mit bekränztem Kopf und mit den Füßen in Richtung Tür (damit die Seele den Köper verlassen konnte) auf einem Sofa aufgebahrt. Trauernde in schwarzer Kleidung erwiesen dem oder der Toten die letzte Ehre. Frauen opferten eine Locke und kratzten sich die Wangen blutig.

AUSGRABUNGEN IN EPHESUS
In Ephesus an der Küste Kleinasiens lebten Griechen mit Menschen vieler verschiedener Nationalitäten zusammen. Die Stadt mit dem bekannten Artemisheiligtum war bis weit in die Römerzeit wirtschaftlich und kulturell sehr bedeutend.

Alexander der Große

Im 4. Jahrhundert v. Chr. wurde Makedonien unter König Philipp II. zum mächtigsten Staat in Griechenland. Nach Philipps Ermordung im Jahr 337 v. Chr. übernahm sein Sohn Alexander die Macht. Alexander setzte die Eroberungspolitik seines Vaters fort. 334 v. Chr. fiel er in Persien ein und führte einen Eroberungsfeldzug durch Kleinasien, Ägypten und Afghanistan bis nach Indien. Er gründete neue griechische Städte (z. B. Alexandria in Ägypten), wodurch die griechische Kultur weite Verbreitung fand. Alexander, den man wegen seiner militärischen Leistungen den Großen nannte, wollte ein mächtiges Reich gründen, das einen Großteil der damals bekannten Welt umfasste. Sein Tod durch ein Fieber im Jahr 323 v. Chr. setzte diesen Plänen ein Ende. Das riesige Reich wurde unter seinen zerstrittenen Feldherren (Diadochen) aufgeteilt und zerfiel. Doch Alexander hatte der damaligen Welt ein kulturelles Erbe hinterlassen, das erhalten blieb, auch als Griechenland als Weltmacht von den Römern abgelöst wurde – die Kultur des Hellenismus (von *helenes*, die Griechen).

APHRODITE
Terrakotta-Figürchen von Aphrodite, der Göttin der Liebe und Schönheit, waren zur Zeit des Hellenismus sehr beliebt. Die meisten Darstellungen zeigen sie nackt beim Frisieren oder Sandalenanziehen.

MANN MIT HUND
Dieser hübsche Ring aus der hellenistischen Epoche zeigt einen Hirten mit Hund und Hirtenstab.

Ruinen in Pergamon

Ruinen in Pergamon

STADTPLANUNG
Pergamon in Kleinasien, die Stadt, nach der das Pergament benannt ist, war das Machtzentrum der einflussreichen Herrscherfamilie der Maliden. Der Ort war in einem harmonischen Wechselspiel von schöner Architektur und offenen Räumen terrassenförmig an einen steilen Berghang gebaut worden.

GOLDENES DIADEM
Alexanders Truppen erbeuteten viel persisches Gold, und Goldschmuck wurde in aristokratischen Kreisen sehr modern. So fand man u. a. kunstvolle Diademe. Dieses eindrucksvolle Beispiel hat in der Mitte eine winzige Figur, die den Liebesgott Eros darstellt.

ALEXANDERS REICH
Alexander wollte, dass sein Reich Bestand hatte. Um Rebellionen der besiegten Urbevölkerung zu verhindern, gründete er Kolonien, in denen er ehemalige Soldaten ansiedelte. Sie sollten den griechischen Lebensstil pflegen und einheimische Frauen heiraten. Im Großen und Ganzen behandelte er die Unterworfenen mit Respekt. Seine Eroberungszüge endeten in Indien, als seine Männer sich weigerten weiterzukämpfen.

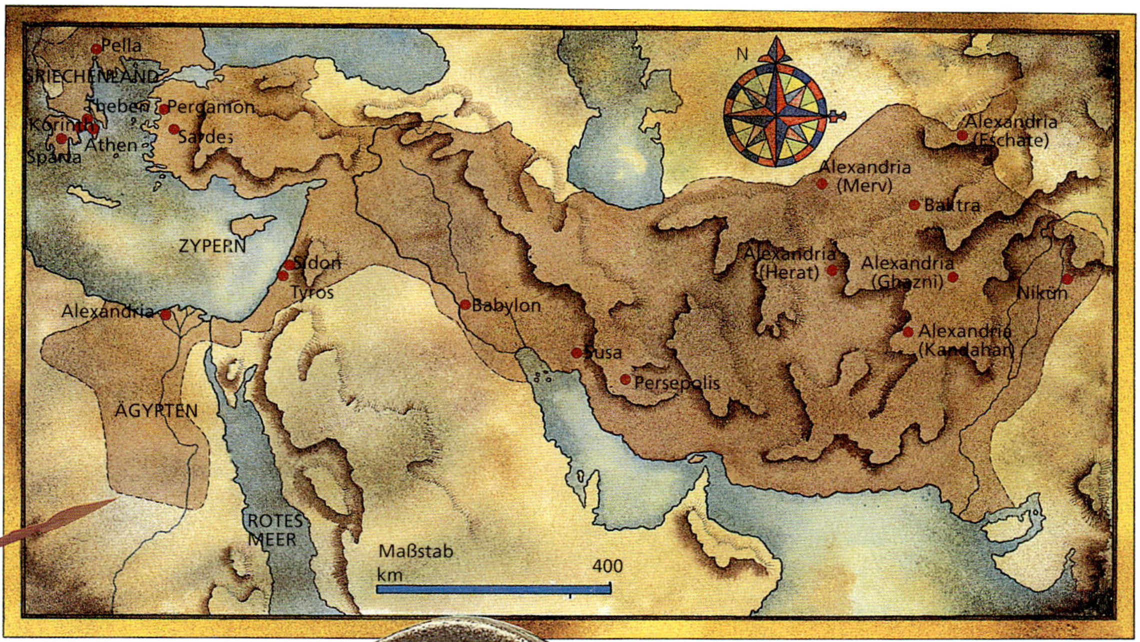

Richard Burton in dem Film *Alexander der Große* (1956)

KRIEGSELEFANT
Auf dieser Münze (vermutlich Babylon, 323 v. Chr.) greift Alexander hoch zu Ross zwei indische Soldaten an, die auf einem Elefanten reiten.

FEUERWAND
327 v. Chr. überquerte Alexander den Himalaja, um Indien zu erobern. Eine verlustreiche Schlacht zwang ihn zur Rückkehr nach Babylon. Alexanders Ruhm lebte in Sagen weiter. Dieses indische Bild zeigt, wie er einen Verteidigungswall aus Feuer anlegen lässt.

SIEG ÜBER DARIUS
Den entscheidenden Sieg über den Perserkönig Darius III. errang Alexander 331 v. Chr. in einer langen, blutigen Schlacht in Gaugamela in Mesopotamien. Danach nannte er sich „König von Asien". Dieser Stich zeigt Alexander beim furchtlosen Kampf zu Pferd.

UNTERWERFUNG
Auf diesem Gemälde des italienischen Malers Paolo Veronese (1528–1588) unterwirft sich die Familie des geschlagenen Darius Alexander dem Großen. Gekleidet sind alle im Stil des 16. Jh.

Wusstest du das?

Erstaunliche Fakten

Löwentor (Mykene, erbaut im 13. Jh. v. Chr.)

Die frühen Bewohner Mykenes errichteten solche hohen Steinmauern rund um ihre Burg. Einige waren 14 m breit –, sodass spätere Kulturen dachten, sie wären das Werk von Riesen.

Die speziellen Proportionen und die vorgetäuschte Schreithaltung mit einem vorgesetzten Bein, typisch für die *Kouroi* (männliche nackte Statuen), hatte man von antiken ägyptischen Skulpturen übernommen. Durch ihre monumentale Größe waren sie mehr idealisierend als naturalistisch.

Sklaven waren sehr wichtig für die Wirtschaft des antiken Griechenlands. Einige hatten ein sehr hartes Leben, aber viele wurden respektvoll behandelt und gut ausgebildet. Jene, die nach der Eroberung durch die Römer gefangen genommen wurden, erzielten hohe Preise, einige arbeiteten als Lehrer und Ärzte.

Griechische Theater mit ihrem stufenförmigen Zuschauerraum hatten eine hervorragende Akustik und gute Sichtverhältnisse für alle Zuschauer. Sie mussten in natürliche Hanglagen hineingebaut werden, weil die Griechen nicht die technischen Möglichkeiten hatten, die notwendige Höhe und das Gewicht solcher Gebäude auf flachem Grund abzustützen.

Archimedes, der sagenhafte Mathematiker und Wissenschaftler, wurde 212 v. Chr. von den Römern während der Eroberung Griechenlands ermordet. Diese Feldzüge endeten 146 v. Chr.

Über Pan, den griechischen Gott der Felder, Schäfer und Waldungen, hieß es, er hätte eine erschreckende Stimme, die Tiere vor Angst erstarren lassen, Truppen beim Vormarsch stoppen und Stadtmauern zum Einstürzen bringen könne. Unser Wort „Panik" stammt von seinem Namen ab.

Der griechische Gott Pan spielt eine Lyra.

Die scheinbar senkrechten, sich verjüngenden Säulen des Parthenons sind in Wirklichkeit leicht nach innen geneigt und haben eine Ausbuchtung in der Mitte. Dadurch werden optisch verzerrte Geraden und Fluchtlinien perspektivisch ausgeglichen. Aus demselben Grund ist der Fries des Parthenons in Richtung Giebel tiefer gemeißelt und die Basis und Stufen des Bauwerks in der Mitte unmerklich höher als an den Außenseiten.

Bei der Konstruktion von griechischen Tempeln wurde kein Mörtel verwendet. Steinblöcke wurden nahtlos aneinandergefügt und mit Metallklammern und Dübeln zusammengehalten.

Die alten Griechen entwickelten eine Tradition der Herstellung und Verzierung von Töpfergegenständen, die über 1000 Jahre anhielt. Zugegeben, einige der Gegenstände, die sie herstellten, wirken heute merkwürdig – Tassen und Flaschen z. B., die man nicht auf einer glatten Oberfläche abstellen konnte, weil sie abgerundete oder spitz zulaufende Böden hatten. Viele andere jedoch, wie einfache runde Krüge oder Töpfe zur Aufbewahrung, sehen nahezu genauso aus wie die in den Küchen des 21. Jh.

Farben waren für die alten Griechen sehr wichtig, v. a. in der Epoche des Hellenismus (323 bis etwa 30 v. Chr.). Einige der weißen Marmorskulpturen, die wir mit dieser Zeit in Verbindung bringen, waren einst tatsächlich in bunten Farben bemalt.

Alexander der Große bekam sein Pferd Bukephalos als er 12 Jahre alt war. Kein Erwachsener konnte das Pferd zähmen, aber Alexander erkannte, dass es sich vor seinem eigenen Schatten fürchtete, und so zähmte er es, indem er seinen Kopf zur Sonne wendete.

Makedonische Soldaten begründeten eine Kampfformation, die sogenannte Phalanx, indem sie sich eng aneinanderpressten, um mit ihren Schilden eine kompakte, geschlossene Front zu bilden. Diese kraftvolle Einheit bahnte sich dann einen Weg durch die feindliche Linie.

Die Griechen erfanden Mosaike mit gegenständlichen Darstellungen im 5. Jh. v. Chr. Sie nutzten die neue Technik, um ihre Fußböden mit sorgfältig ausgearbeiteten mythologischen Szenen zu dekorieren. Die ersten Mosaike wurden aus farbigen Kieselsteinen gefertigt, diese wurden jedoch später durch speziell zugeschnittene Plättchen aus Glas, Stein oder Marmor, *tesserae* genannt, ersetzt, die größeren Detailreichtum und eine breitere Farbpalette ermöglichten.

Alexander der Große und sein Pferd

Fragen und Antworten

F Was passierte, wenn die alten Griechen das Orakel von Delphi befragten?

A Diejenigen, die Rat beim Orakel von Delphi suchten, wurden aufgefordert, ein Tier auf dem Altar zu opfern. Anschließend wurde der Bittsteller vor die Priesterin geführt und stellte ihr eine Frage. Obwohl sie in Trance war, antwortete die Priesterin klar auf Fragen. Einige Antworten wurden später in Verse umgedichtet, wodurch das Orakel von Delphi den Ruf gewann, mehrdeutige Antworten zu geben.

Apollontempel in Delphi

F Warum hielt man Delphi für einen heiligen Ort?

A Dem Mythos zufolge ließ Zeus zwei Adler von den entgegengesetzten Enden der Welt aufsteigen. Ihre Flugstrecke kreuzte sich auf der Höhe von Delphi und machte es so zum Mittelpunkt der Welt und zu einem heiligen Ort. Dieser war ursprünglich durch einen nabelförmigen Stein, den Omphalos, markiert, von dem eine hellenistische Kopie heute im Museum in Delphi zu sehen ist. Man vermutete, dass der junge Gott Apollon in Delphi lebte. Aus diesem Grund kamen die Menschen ab dem Ende des 8. Jh. v. Chr. hierher, um ihn um Rat zu fragen.

F Wie entstanden die traditionellen griechischen Dramen?

A Die griechischen Dramen entwickelten sich im 6. Jh. v. Chr. aus den rituellen Rollenspielen während der Festspiele zu Ehren des Dionysos, dem Gott des Weins und der Fruchtbarkeit. Anfangs tanzten die Teilnehmer in Gruppen und verkleideten sich häufig als Tiere. Später kamen zu den singenden und tanzenden Chören auch Schauspieler hinzu, die Masken mit übertriebenen Zügen trugen, um die Rolle deutlich zu machen, die sie spielten, und um von jedermann im Publikum gut gesehen zu werden. Die ersten richtigen Stücke waren Tragödien in Form von Episoden aus der mythologischen und epischen Dichtung. Es wurde jeweils eine Kombination aus drei Stücken auf die Bühne gebracht, alle von demselben Autor. Komödien gab es bei den Griechen bis etwa 480 v. Chr. nicht auf der Bühne.

F Wie hat sich die Tradition des Marathonlaufs entwickelt?

A 490 v. Chr. sahen sich die Griechen der Invasion der Perser unter Darius gegenüber, dessen Kriegsschiff in der Bucht von Marathon gelandet war. Obwohl deutlich in der Minderheit, kesselten die Griechen die feindlichen Truppen ein und schlugen sie zurück aufs Meer, wobei sie nur 192 Opfer zu beklagen hatten, die Perser dagegen 6000. Die Nachricht vom Sieg wurde von einem Läufer in voller Rüstung nach Athen überbracht – eine Strecke von 41 km –, wobei dieser dort zusammenbrach und umgehend starb. Der moderne Marathonlauf hat seine Wurzeln in dieser heldenhaften Anstrengung.

F Warum wird die klassische griechische Architektur so sehr bewundert?

A Öffentliche und religiöse Gebäude wurden im antiken Griechenland mit dem ausdrücklichen Ziel gestaltet und errichtet, die perfekte Form und Proportion zum Ausdruck zu bringen. Der Grad des Erfolgs der antiken Architekten lässt sich daran verdeutlichen, dass ihr klassischer Stil überlebt hat, selten unmodern wurde und oft den Geschmack bestimmte.

Rekordverdächtig

DER ERSTE DER GROSSEN
Der griechische Soldatenkönig Alexander (356–323 v. Chr.) war der erste Heerführer, der weithin als „der Große" bekannt war. Während seines kurzen Lebens gründete er 70 Städte. Viele davon wurden nach ihm Alexandria genannt.

FRÜHES LERNEN
Aristoteles, ein Schüler Platons, begründete das Lykeion, eine Schule in Athen, wo so unterschiedliche Fächer wie Biologie und Ethik gelehrt wurden. Diese Einrichtung machte Athen zu einer der ersten Universitätsstädte der Welt.

DAS ERSTE STEINTHEATER
Das erste Theater, das aus Stein gebaut wurde und die Geburtsstätte des Theaters der griechischen Antike darstellt, ist das Dionysostheater, das in den Südhang der Athener Akropolis eingebettet war. Die Überreste einer Rekonstruktion aus römischer Zeit kann man dort bis heute besichtigen.

FRÜHE REKORDE
Griechische Historiker benutzten die Olympischen Spiele zur Datierung von Ereignissen. Sie gingen davon aus, dass die ersten Spiele 776 v. Chr. stattfanden. Benannt nach dem Heiligtum von Olympia auf der Halbinsel des Peloponnes, wo sie ausgetragen wurden, bestanden die Spiele ursprünglich nur aus einer Disziplin – dem Sprint der Männer. Später kamen andere Disziplinen hinzu: Ringen, Boxen, Speerwerfen und Reiten.

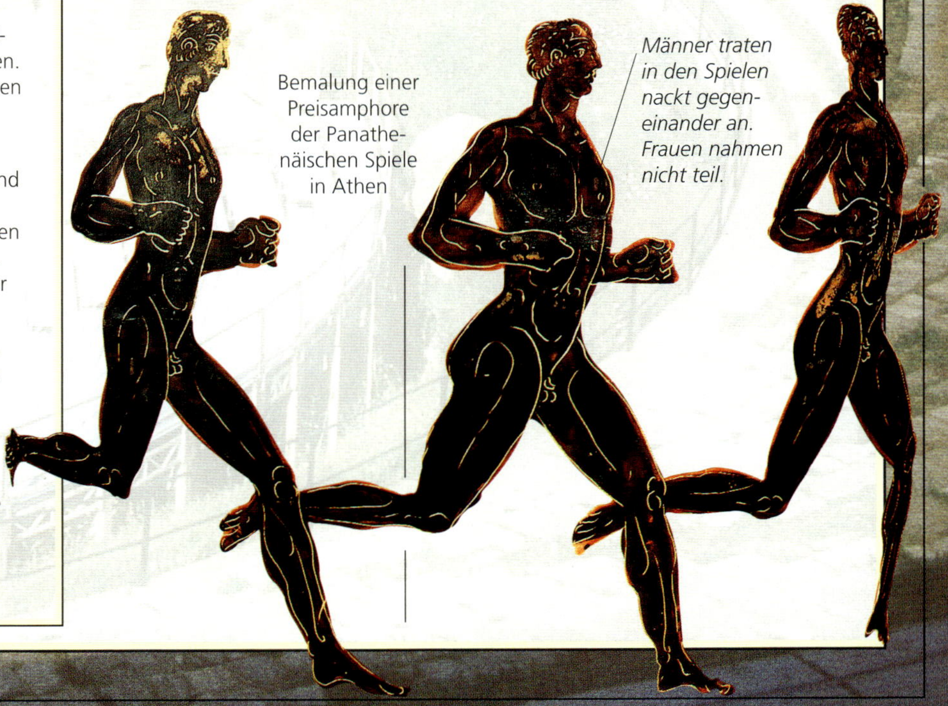

Bemalung einer Preisamphore der Panathenäischen Spiele in Athen

Männer traten in den Spielen nackt gegeneinander an. Frauen nahmen nicht teil.

Berühmte Griechen

Keine einzige Kultur hat die westliche Zivilisation so stark beeinflusst wie die des antiken Griechenlands. Während einer Zeitspanne von wenigen hundert Jahren hat das mediterrane Land zwischen dem Mittelmeer, der Ägäis und dem Ionischen Meer eine unvergleichliche Vielfalt an Staatsmännern, Schriftstellern und Künstlern, Wissenschaftlern und großen Denkern hervorgebracht, deren Ideen und Erfindungen bis heute hoch geschätzt werden.

Staatsmänner

Statue des Perikles

SOLON Gesetzgeber und Magistrat Athens während des 7. und 6. Jh. v. Chr., dessen juristische, wirtschaftliche und politische Reformen die Geburt der Demokratie darstellen.

THEMISTOKLES
Feldherr Athens und Begründer der starken Flotte, die die Perser bei der Schlacht von Salamis 480 v. Chr. besiegte.

PERIKLES
Mächtiger Feldherr und demokratischer Staatsmann Athens im 5. Jh. v. Chr. Gebildet und unbestechlich leitete er federführend das öffentliche Bauprogramm auf der Athener Akropolis.

ALEXANDER DER GROSSE
Geboren 356 v. Chr. als Sohn Philipps II. von Makedonien und unterrichtet von Aristoteles, vergrößerte Alexander das griechische Weltreich um Persien, Kleinasien, Ägypten, Afghanistan und Indien, bevor er im Alter von 33 Jahren starb.

Porträtrelief Alexanders des Großen aus dem 18. Jh.

Schriftsteller und Künstler

SAPPHO
Lyrikerin, die im 7. Jh. v. Chr. eine Gruppe von Schülerinnen auf Lesbos, einer Insel in der Ägäis, leitete. Sappho schrieb v. a. über Familie und weibliche Freundschaften.

PHIDIAS
Der berühmteste Künstler der Antike (gestorben um 432 v. Chr.) wurde von den Zeitgenossen für zwei Monumentalstatuen (Athene und Zeus) gefeiert. Keine der beiden Statuen ist erhalten und so ist er heute v. a. für den Skulpturenschmuck am Parthenon berühmt.

AISCHYLOS
Neben Sophokles und Euripides einer von drei Tragödiendichtern, die das Theater Athens im 5. Jh. v. Chr. prägten. Ursprünglich Soldat, der in der Schlacht von Marathon kämpfte, schrieb Aischylos fast 90 Theaterstücke inklusive *Der gefesselte Prometheus*.

EURIPIDES
Tragödiendichter Athens (siehe oben), der im 5. Jh. v. Chr. umstrittene Tragödien zu Themen wie Verrat, Mord und Ungerechtigkeit schrieb. Erhaltene Stücke sind u. a. *Medea* und *Alkestis*.

SOPHOKLES
Schriftsteller und Tragödiendichter des 5. Jh. v. Chr. (siehe oben), der für kraftvolle Stücke wie *Ajax* oder *Antigone* bekannt ist.

MYRON
Bildhauer im Athen des 5. Jh. v. Chr. Nachdem viele seiner Werke verloren sind, ist Myron heute am besten für seine Bronzestatue eines Diskuswerfers bekannt, die nur als römische Kopie erhalten ist.

Diskuswerfer (auch bekannt als *Diskobolos*)

Die römische Kopie ist aus Marmor.

Denker

PYTHAGORAS
Philosoph und Mathematiker des 6. Jh. v. Chr., der glaubte, die Geheimnisse des Lebens lägen in der Mathematik.

HERODOT
Historiker des 5. Jh. v. Chr., der als Vater der Geschichtsschreibung gilt und die ersten Prosadarstellungen aktueller Ereignisse, wie den Krieg der Griechen gegen die Perser, verfasste.

THUKYDIDES
Als weiterer Historiker des 5. Jh. v. Chr. dokumentierte Thukydides den Peloponnesischen Krieg zwischen Athen und Sparta mit einer sehr analytischen Herangehensweise.

SOKRATES
Berühmter Denker des 5. Jh. v. Chr., der nicht schriftstellerisch tätig war, sondern stattdessen seine Ideen in Diskussionen entwickelte. Seine Gespräche, durch seinen Schüler Platon dokumentiert, sind als Dialoge bekannt.

PLATON
Schüler von Sokrates, der dessen Werk niederschrieb und eine Schule in Athen begründete. Platon hielt ebenfalls Dialoge für wertvoll und schrieb die zwei berühmten Abhandlungen *Der Staat* und *Die Gesetze*. Platon war auch einer der größten Prosaschriftsteller der Antike.

ARISTOTELES
Schüler Platons im 4. Jh. v. Chr. und Begründer einer eigenen Schule, des Lykeion. Er hatte eine Begabung für wissenschaftliche Beobachtungen und eines seiner am meisten geschätzten Vermächtnisse ist seine Ethik.

EPIKUR
Griechischer Philosoph im 4. und 3. Jh. v. Chr. Er lehrte, dass das individuelle Lebensglück das höchste Gut sei und forderte das verantwortliche Streben danach. Er war Autor eines 37 Bücher umfassenden Hauptwerks *Über die Natur* und begründete die philosophische Schule der Epikureer.

Sokrates

Wissenschaftler

Hippokrates

ANAXAGORAS
Astronom des 5. Jh. v. Chr., der herausfand, dass der Mond das Licht der Sonne reflektiert.

HIPPOKRATES
Als Begründer der modernen Medizin im 5. und 4. Jh. v. Chr. praktizierte er nach jenen strengen ethischen Standards, die Ärzte noch heute nach dem Eid des Hippokrates befolgen. Er entdeckte auch den schmerzstillenden Effekt von Weidenrinden, aus denen moderne Wissenschaftler das Aspirin entwickelten.

ARISTARCHOS
Astronom des 3. Jh. v. Chr., der erkannte, dass die Erde um die Sonne kreist und sich um ihre eigene Achse dreht.

ASKLEPIADES
Arzt, der im 1. Jh. v. Chr. in Medizin unterrichtet wurde und sehr anteilnehmend im Umgang mit seinen Patienten war. Wie einige Ärzte heute, befürwortete er eine ganzheitliche und nichtinvasive Medizin. Seine Behandlung beinhaltete die Verabreichung von Wein, Massagen und Bädern.

Verehrer der Antike

KARL FRIEDRICH SCHINKEL
Als Architekt des Königs Friedrich Wilhelm III. setzte Schinkel im 19. Jh. die Verehrung der griechischen Antike um. In Berlin und Brandenburg schuf er beeindruckende klassizistische Bauten.

HEINRICH SCHLIEMANN
Der deutsche Amateur-Archäologe fand 1870 das antike Troja nahe der türkischen Küste. Seine Entdeckung lieferte eine faktische Grundlage für Homers epischen Zyklus über den Trojanischen Krieg.

PIERRE DE COUBERTIN
Der aristokratische Franzose organisierte 1896 die ersten Olympischen Spiele der Neuzeit in Athen.

JOHANN WOLFGANG VON GOETHE
Eine 2 Jahre dauernde Italienreise machte Goethe mit der römischen und griechischen Antike vertraut. Die Beschäftigung mit den antiken Dramen von Aristoteles inspirierte Goethe zu seinem Drama *Iphigenie auf Tauris*, das im Stil der klassischen Dramen der Antike aufgebaut ist.

Tempel in Knossos

Neugierig geworden?

Das antike Griechenland beeinflusste fast jede Kultur der westlichen Welt und nahezu jedes große archäologische Museum hat eine Abteilung, die griechische Kunst und griechische Antiken präsentiert. Das vielleicht bekannteste Symbol der griechischen Kultur ist die Festung der Akropolis in Athen mit ihrem zentralen Heiligtum, dem Parthenon. Als Tempel für die Stadtgöttin Athene errichtet, war der Parthenon völlig symmetrisch. Er wurde aus Stein und vor Ort behauenem weißen Marmor errichtet, ein ideales Material für die detailreichen Reliefplatten des Frieses und des Portikus. Im Lauf seiner langen Geschichte war der Parthenon eine Kirche, eine Moschee und sogar ein Waffenlager. Heute sind seine beeindruckenden Ruinen eine beliebte Touristenattraktion und ein Pilgerort für jeden, der eine Faszination für die klassische Antike verspürt.

DER PARTHENON
Fertiggestellt Mitte des 5. Jh. v. Chr. wurde der Parthenon von den Architekten Kallikrates und Iktinos gestaltet, um eine monumentale 12 m hohe Statue der Athene des Bildhauers Phidias zu beherbergen. Als der Tempel neu war, waren die Reliefs über der Außenreihe der Säulen blau, rot und golden bemalt.

Die kunstvolle Reliefschnitzerei vermittelt den Eindruck von Tiefe.

DER PARTHENONFRIES
Der Relieffries, der um die Außenmauer der Cella (Hauptraum des Tempels) verlief, war von Phidias gestaltet, dem Künstler, der für den gesamten Figurenschmuck des Tempels verantwortlich war. Die Einzelbilder des Frieses werden Metopen genannt. Der Fries zeigt die Prozession während der Panathenäen, dem jährlich stattfindenden Fest zu Ehren der Athene.

Die Maske ist aus Gold.

DIE MASKE DES AGAMEMNON
Entdeckt wurde diese Totenmaske, die sich heute im Archäologischen Nationalmuseum in Athen befindet, von Heinrich Schliemann (S. 67) bei Ausgrabungen in Mykene. Sie wird um 1500 v. Chr. datiert. Man weiß heute, dass die Maske nicht den legendären König Agamemnon zeigt, der die griechischen Truppen in den Trojanischen Krieg führte, aber ihr lang anhaltender Ruhm macht es schwierig, ihren Namen zu ändern, unter dem sie weithin bekannt ist.

INTERNETADRESSEN

- Erfahre alles über die griechische Kultur der Antike.
  www.antikefan.de/kulturen/Griechisch.html
- Informiere dich über die altgriechischen Musikinstrumente.
  www.musikarchaeologie.de/altgriechische_musikinstrumente.html
- Die griechischen Philosophen.
  www.michaelmaxwolf.de/antike/griechenland/griechische_philosophie.html
- Spannende Geschichten über die Helden und Götter des antiken Griechenlands.
  www.br-online.de/kinder/fragen-verstehen/wissen/2004/00464/

GRIECHISCHES THEATER
Diese Zeichnung des Kreon, einer Figur aus dem Stück *Antigone* von Sophokles, stammt aus einer Ausgabe der französischen Zeitschrift *La Theatre* von 1899. Das Studium der griechischen Theatertradition ist eine Möglichkeit, mehr über die Kultur der klassischen Antike zu lernen.

Erntearbeiter schlagen mit Stöcken die Oliven von den Ästen.

BEMALTE VASE
Enghalsige Krüge mit zwei Henkeln nennt man Amphoren. Sie wurden hergestellt, um Flüssigkeiten oder Nahrungsmittel, die in Flüssigkeiten gelagert wurden, aufzubewahren. Die detailreiche Szene der Olivenernte, die auf diesem Exemplar aus dem Britischen Museum zu sehen ist, lässt vermuten, dass es für Oliven oder Olivenöl gedacht war.

ARCHÄOLOGISCHES NATIONALMUSEUM IN ATHEN
Eröffnet 1891 präsentiert dieses Museum eine unglaubliche Anzahl griechischer Kunstwerke, die zuvor in der ganzen Stadt verstreut gelagert waren. Im neoklassizistischen Stil erbaut, der auf das goldene Zeitalter Griechenlands zurückgreift, wird der Eingang des Gebäudes von ionischen und korinthischen Säulen dominiert.

DER JÜNGLING VON MARATHON
Wie viele griechische Bronzestatuen wurde dieser anmutige Akt auf dem Meeresgrund gefunden. Er wird dem Bildhauer Praxiteles zugeschrieben, der im 4. Jh. v. Chr. lebte.

Besuche doch mal …

AKROPOLIS (ATHEN)
Obwohl der Zutritt zum Tempel eingeschränkt ist, um ihn vor weiterer Zerstörung zu schützen, bietet die Akropolis immer noch eine einzigartige Ansammlung von antiken Anlagen, einschließlich:
- des Parthenon.
- der Propyläen, dem historischen Torbau und Eingang zum heiligen Bezirk.
- des Dionysostheaters, Geburtsort der griechischen Tragödie, erbaut 342–326 v. Chr.
- des Akropolis-Museums, das den Reichtum an Schätzen des Geländes präsentiert, einschließlich Skulpturen und Teilen der Architektur, wie Karyatiden, Giebel und Teile des Parthenonfrieses.

DAS ANTIKE DELPHI
Erstmals Ende des 19. Jh. ausgegraben, umfasst die Anlage:
- das Apollon-Heiligtum.
- die Kastalische Quelle, wo Besucher aufgefordert werden zu baden.
- das Stadion, wo die panhellenischen pythischen Spiele stattfanden.

ARCHÄOLOGISCHES NATIONALMUSEUM (ATHEN)
Untergebracht in einem Gebäude des 19. Jh., das laufend erweitert und verbessert wurde, handelt es sich um eine der weltweit bedeutendsten Sammlungen. Unter ihren Schätzen befinden sich:
- die goldene Maske des Agamemnon (um 1500 v. Chr.), die in Mykene gefunden wurde.
- hochwertige Beispiele klassischer Skulpturen, einschließlich des Jünglings von Marathon (um 340 v. Chr.).

ANTIKENSAMMLUNG (BERLIN)
Besonders das Pergamonmuseum zeigt großartige Bauwerke und Plastiken der griechischen Antike. Darunter:
- den Pergamonaltar. Die Rekonstruktion eines antiken Bauwerks steht in einem extra dafür gebauten Museum. Bedeutend ist der Skulpturenfries, der den Kampf der Giganten gegen die Götter zeigt.

KUNSTHISTORISCHES MUSEUM (WIEN)
In dem prunkvollen Bau mitten in Wien ist eine der bedeutendsten Antikensammlungen zu sehen. Besonders interessant:
- ein Fragment aus dem Nordfries des Parthenon, das zwei Männer darstellt.
- die Votivstatue eines Mannes aus Zypern.

STAATLICHE ANTIKENSAMMLUNG (MÜNCHEN)
Am klassizistischen Königsplatz gelegen, zeigt das Museum eine umfangreiche Antikensammlung. Sehenswert:
- die Exponate der griechischen Töpferkunst (gehören zu den bedeutendsten der Welt).
- wertvolle Schmuck- und Glasexponate der Antike.

Glossar

ABAKUS Antiker Rechenrahmen bestehend aus kleinen Kugeln, die auf Draht aufgefädelt wurden.

AGORA Markt oder öffentlicher Platz im antiken Griechenland.

Akanthus-Kapitell

AKANTHUS Pflanze mit dicken, muschelförmigen Blättern, die häufig griechische Kunst und Architektur schmückt. Das Kapitell korinthischer Säulen weist Akanthusblätter auf. *Siehe auch* Kapitell, Korinthisch

AMPHORE Enghalsiger Krug mit zwei Henkeln und manchmal spitz zulaufender Basis als Behältnis für Wein, Olivenöl oder andere Flüssigkeiten.

ANDRON Kleiner, häuslicher Speiseraum, in dem sich Männer mit ihren Freunden trafen.

ARYBALLOS Salbgefäß, normalerweise aus Keramik. Diese Gefäße waren oft in Form einer Fantasiegestalt oder eines echten Tiers wie Affe oder Igel gefertigt.

Kolonnade

ATLANT Skulptur einer männlichen Figur, die in der klassischen Baukunst anstelle einer Säule angebracht ist. *Siehe auch* Karyatide, Säule

BEINSCHIENE Bronzene Beinschützer, die von griechischen Soldaten in einer Schlacht zum Schutz getragen wurden.

BRUSTHARNISCH Brustpanzer, normalerweise aus Bronze, den griechische Soldaten zum Schutz von Rücken und Brust trugen.

CHITON Basiskleidungsstück für Männer und Frauen im antiken Griechenland. *Chitons* bestanden aus zwei rechteckigen Stoffen, die an den Schultern an verschiedenen Stellen zusammengenäht waren, und um die Hüfte gebunden wurden. *Siehe auch* Peplos

DEMOKRATIE Ein Regierungssystem, bei dem die regierten Menschen ein Mitbestimmungsrecht haben, normalerweise durch gewählte Vertreter.

DORISCH Einer der drei grundlegenden Stile (oder Ordnungen) in der klassischen Architektur. Dorische Säulen sind massiv, mit breiten Furchen (Kanneluren) und einem einfachen, runden Kapitell. *Siehe auch* Korinthisch, Ionisch, Ordnung

ELEKTRON Legierung aus Gold und Silber, die zur Herstellung früher griechischer Münzen benutzt wurde. Später wurden Münzen aus reinem Silber oder manchmal Gold hergestellt.

EPINETRON Halb-zylindrisches Gerät, das griechische Frauen zur Vorbereitung von Spinnwolle benutzten.

FRESKO Auf feuchten Putz aufgetragene Wandmalerei. Fresken waren in vielen Ländern bis ins Mittelalter beliebt. *Siehe auch* Wandgemälde

FRIES Ein breiter dekorativer Streifen, der entlang des oberen Teils einer Mauer verläuft.

GALEERE Antikes griechisches oder römisches Kriegsschiff, das von einer oder zwei Reihen Ruderern angetrieben wurde.

GIEBEL Dreieckiger oberer Abschluss eines Gebäudes bzw. dreieckiges, schmückendes Architekturmotiv über einer Tür.

GRAMMATISTES Lehrer von Kernfächern wie Lesen, Schreiben und Mathematik. *Siehe auch* Kitharistes, Paidotribai

GREIF Fabelwesen mit Kopf und Flügeln eines Adlers und dem Körper eines Löwen.

GYMNASIUM Großer Raum oder Gebäude, das für Sport und körperliches Training genutzt wurde.

GYNAECEUM Im griechischen Wohnhaus der Trakt für die Frauen, mit Webstühlen, Kinderspielzeug und Einrichtung.

HETÄREN Gruppe von gebildeten schönen Frauen, deren Hauptaufgabe es war, Musik zu machen, zu tanzen und Männer zu unterhalten.

HIMATION Bei den alten Griechen eine Art Manteltuch, das traditionell unter dem rechten Arm und über die linke Schulter drapiert getragen wurde.

HIPPOKAMP Mythisches Seepferd mit zwei Vorderfüßen und einem Fisch- oder Delfinschwanz.

In der Freskomalerei werden Farbpigmente auf feuchten Putz aufgetragen, um ihre Farbigkeit haltbarer zu machen.

Fresko aus dem 14. Jh., in ähnlicher Technik wie die des antiken Griechenland

HOPLIT Von *hoplon* für Schild, bezeichnet es einen voll ausgerüsteten griechischen Fußsoldat.

IONISCH Einer der drei grundlegenden Stile (oder Ordnungen) in der klassischen Architektur. Ionische Säulen sind schmal, mit enger Kannelierung und einem Kapitell mit seitlichen Schnecken. *Siehe auch* Dorisch, Korinthisch, Ordnung

KAPITELL Der obere Teil einer Säule in der klassischen Architektur. *Siehe auch* Säule, Korinthisch, Dorisch, Ionisch

KARYATIDE Skulptur einer weiblichen Figur, die in der klassischen Baukunst anstelle einer Säule angebracht ist. *Siehe auch* Atlant, Säule

KITHARISTES Musiklehrer. Eine *kithara* ist ein der Lyra ähnliches, allerdings größeres Instrument. *Siehe auch* Grammatistes, Paidotribai

Greif

KOLONNADE Ein Säulengang, der ein Dach, ein Obergeschoss oder den oberen Teil einer Wand trägt.

KORINTHISCH Einer der drei grundlegenden Stile (oder Ordnungen) in der klassischen Architektur. Korinthische Säulen nehmen den Platz nach der Ionischen Säulenordnung ein. Sie sind kanneliert und haben ein aufwendiges Kapitell, das mit Akanthusblättern geschmückt ist. *Siehe auch* Akanthus, Dorisch, Ionisch, Ordnung

KYLIX Flaches Trinkgefäß mit Fuß und zwei Griffen.

LABYRINTH Kompliziertes und verwirrendes Netz von Gängen aus Wänden oder Hecken.

LYRA Griechisches Saiteninstrument mit einem Hohlkörper, der ursprünglich aus einem Schildkrötenpanzer bestand.

OINOCHOE Weinkanne mit langem Hals, aus Keramik oder Metall und häufig dekoriert.

ORAKEL Heiligtum, wo die alten Griechen durch Vermittlung einer Priesterin ihre Götter um Rat fragen oder die Zukunft vorhersagen lassen konnten. Das berühmteste war das Apollon-Orakel in Delphi.

ORCHESTRA Flacher, runder Bereich des antiken Theaters, wo die Schauspieler und der Chor auftraten.

ORDNUNG Einer der unterschiedlichen Stile der klassischen Architektur, die durch Form und Proportion festgelegt sind. Die bekanntesten Ordnungen sind die dorische, ionische und korinthische (S. 27). *Siehe auch* Dorisch, Ionisch, Korinthisch

OSTRAKON Stein- oder Tonscherben mit Inschriften oder Zeichnungen.

PAIDAGOGOS Häuslicher Sklave, der speziell dafür verantwortlich war, griechische Jungen zur Schule zu begleiten.

PAIDOTRIBAI Sportlehrer, die Jungen u. a. in Leichtathletik und Ringen unterrichteten. *Siehe auch* Kitharistes, Grammatistes

PALÄSTRA Zweckgebundenes Gebäude, kleiner als ein Gymnasium, mit Umkleidekabinen und einem mit Sand bedeckten Innenhof, wo griechische Jungen in Leichtathletik und Ringen unterrichtet wurden.

PEPLOS Frühe, einfachere Version eines griechischen *Chiton*.

PYXIS Kleiner Behälter oder Kassette, in der griechische Frauen ihre Kosmetika aufbewahrten.

RAT 500 Mann starke, ratgebende Körperschaft, die die Einberufung der Athenischen Volksversammlung anordnete. *Siehe auch* Volksversammlung

Frühe Lyra mit Körper aus einem Schildkrötenpanzer

SÄULE Ein schlanker, aufrechter Baukörper, der einen Bogen, ein Dach, ein Obergeschoss oder den oberen Teil einer Mauer trägt. Die meisten Säulen bestehen aus einer Basis, einem Schaft (Hauptteil) und einem Kapitell (der dekorative obere Teil). *Siehe auch* Kapitell, Ordnung

SKLAVE Mann, Frau oder Kind, die, wie ein Besitzgegenstand, einem anderen gehörten, in der Regel, um irgendeine Art von Arbeit zu verrichten.

STADTSTAAT Eine gewöhnliche Stadt, die, zusammen mit ihrem engeren Umland, gleichzeitig ein unabhängiger politischer Staat ist.

STOA Ursprünglich lange Säulenhalle, wo sich Menschen trafen, um sich auszutauschen und Geschäfte zu führen.

STRATEGOS Einer von zehn gewählten militärischen Anführern, die Entscheidungen bezüglich der Verteidigung Athens oder dessen Teilnahme an einem Krieg fällten.

Hoplit

SYMPOSIEN Männliche Saufgelage. Kleine, private Symposien wurden in privaten Räumlichkeiten abgehalten. Bei mehr Teilnehmern griff man auf öffentliche Gebäude zurück.

THOLOS Runder Kuppelbau, in dem sich Regierungsmitglieder trafen. *Siehe auch* Rat

TRIREME Schnelles Kriegsschiff, das von bis zu 170 Mann gerudert wurde, die auf beiden Seiten in drei Decks übereinander saßen.

Zerstörte Stoa von Lindos (Rhodos)

TYRANN Absoluter Herrscher eines griechischen Stadtstaats, der in der Regel gewaltsam an die Macht gekommen war.

VOLKSVERSAMMLUNG Versammlung von Volk und Beamten, die das öffentliche Leben im antiken Athen kontrollierten. Es mussten mindestens 6000 Personen anwesend sein, um im Rahmen einer Volksversammlung über wichtige Rechts- und Staatsfragen zu entscheiden.

VOLUTE Schneckenförmiges Bauelement an ionischen Kapitellen und manchmal an Keramikgefäßen. *Siehe auch* Kapitell, Säule, Ionisch

WANDGEMÄLDE Wandmalerei auf trockenem Putz. *Siehe auch* Fresko

Register

A

B

C D

E F G

H

I J

K L

M

O

P

R S

T U

W X Z

Dank und Bildnachweis

Dorling Kindersley dankt der Abteilung für griechische und römische Antike im British Museum dafür, dass sie antike Ausstellungsstücke für Fotoaufnahmen zur Verfügung gestellt hat; Patsy Vanags von der museumspädagogischen Abteilung des British Museum für ihre Unterstützung beim Verfassen der Texte; Bill Gordon für sein hervorragendes Modell eines griechischen Bauernhofs (S. 28-29); Alan Meek für die Rüstung und Waffen auf S. 54-55; Helena Spiteri, Andrew Chiakli und Toby Williams für das Modellieren von Kleidung und üstung; Anita Burger für Frisuren und Makeup; Jane Parker für das Register.

Für diese Auflage dankt der Verlag zusätzlich: Dr. Hugh Bowden; David Ball, Neville Graham, Rose Horridge, Joanne Little und Sue Nicholson für das Poster.

Der Verlag dankt den folgenden Personen und Institutionen für die freundliche Genehmigung zum Abdruck von Fotos:

(Abkürzungen: o = oben, go = ganz oben, u = unten, m = Mitte, l = links, gl = ganz links, r = rechts)

AKG-images: 66mro; Erich Lessing 64gol. American School of Classical Studies, Athen: 32mlo. Ancient Art & Architecture Collection: 12gor, 44gol, 56ml, 63mr; R. Sheridan 58ml. The Art Archive: ET Archive 62mru. Ashmolean Museum, Oxford: 9gol. Bildarchiv Preußischer Kulturbesitz (Antikenmuseum Berlin): 33gor. The Bridgeman Art Library: British Library 60gol; The Fine Art Society, London 13gol, 58ur; Maskenhaus, Delos 20gol; Houses of Parliament, Westminster, London 18ur; Nationales Archäologiemuseum, Athen 35mr, 50mr; National Gallery, London 56mu; Private Collection 30gol, 42ur; Roy Miles Fine Paintings, Private Collection 61gol; Staatliche Antikensammlung und Glyptothek, München 46m; Vatikanische Museen 47mlu. Corbis / Zefa: 62m; Damm 25ul; Konrad Helbig 17gom, 26gol; K. Scholz 19gor; Starfoto 50gol. DK Images: British Museum 16gor, 16ul, 16ur, 17m, 17um, 17ur, 18gor, 19mlo, 19mlu, 19ur, 20ul, 40gol, 47gor, 47ur, 48um, 48ur, 65gor, 65ur, 67gor, 68mlu, 69mlo; Lin White 64gom, 64gomr. Ekdotike Athenon: 52ul. Getty: Allsport / Gray Mortimore 45ml; Allsport / Vandystadt 45m; Hulton Archive 45u; Image Bank 51m, 52gol, 53ur, 59um; Time Life Pictures / Mansell 11gol, 12gol 62gol. Sonia Halliday: 8gol, 11gom, 11gor, 12ul, 20gor, 25gol, 25gor, 25m, 33m, 44mr. Michael Holford: 6gor, 7gor, 9ul, 16gol, 20ur, 21m. The Kobal Collection: 63m. Mary Evans Picture Library: 18gol, 26ml, 31ml, 35mr, 38gor, 39gol, 44u, 46gor, 46ur, 47m, 47um, 54m, 56gol, 56m, 56ul, 58gol, 58m, 58mr, 59, 63mu, 64ur, 64ugo, 69gom. The National Gallery, London: 9mr, 12ur, 21gor, 22gor, 23ul, 63u. Anne Pearson: 24ur. Photo DAI, Athen: (neg. Mykonos 70) 12mu. Photostage: Donald Cooper 39gom. Robert Harding Picture Library: 38ml, 49ur, 52um, 53mlo, 59ul; G. White 16mro. Royal Ontario Museum: 17gol. Scala: 11um, 20mlo, 26u, 35gol, 38u, 41u, 44mlo; Delphi Museum 24ul; Heraklion Museum 8u; Vatikanische Museen 36gol.

Illustrationen: John Woodcock und John Hutchinson,

Landkarten: Sallie Alane Reason

Poster: Corbis: David Lees ur; DK Images: British Library mlu (Keramik); British Museum m, ml; Dr. John Coates mru (Boot).

Cover: *Vorn:* Alamy Images: Ivy Close Images. Dorling Kindersley: The British Museum ogl, mro, om, gol. Getty Images: DEA / G. Dagli Orti gor. Hinten: Dorling Kindersley: The British Museum um, ur, gol, mo.

Weitere Informationen unter www.dkimages.com

Weitere Themen in dieser Reihe:
(Bandnummer in Klammern)

Das alte Ägypten (8)
Das alte Griechenland (21)
Das alte Rom (38)
Autos (25)
Azteken, Inka & Maya (28)
Bedrohte Tiere (5)
Burgen (24)
Christentum (34)
Demokratie (30)
Dinosaurier (1)
Eisenbahnen (19)
Die ersten Menschen (26)
Evolution (50)
Fische (13)
Flugmaschinen (41)
Fossilien (47)
Gesteine & Mineralien (17)
Große Entdecker (12)
Große Musiker (42)
Große Wissenschaftler (33)
Haie (10)
Hunde (39)
Indianer (18)
Insekten (35)
Katzen (23)
Klimawandel (11)
Kriminalistik (44)
Der Mensch (2)
Musikinstrumente (14)
Mythologie (31)
Naturwissenschaften (7)
Ozeane (32)
Pferde (43)
Pflanzen (48)
Piraten (36)
Regenwald (20)
Ritter (16)
Säugetiere (45)
Schätze (6)
Spione (9)
Städte (3)
Teiche & Flüsse (27)
Titanic (22)
Vögel (29)
Vulkane (37)
Wasser (40)
Weltall (15)
Wetter (46)
Wikinger (49)
Wirtschaft (4)

37

38

39

40

41

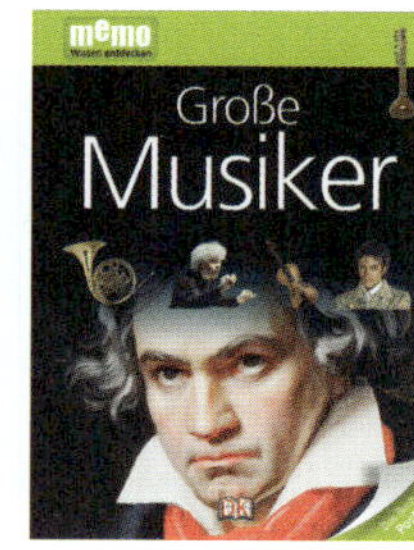

42

43

44

45

46

47

48

49

50

Alphabetische Reihenfolge der Bände auf der letzten Seite